注目礼

利益最大化的博弈之道

欧阳君山 著

北京出版集团公司
北 京 出 版 社

图书在版编目(CIP)数据

注目礼：利益最大化的博弈之道／欧阳君山著. —北京：北京出版社，2011.3

ISBN 978-7-200-08613-3

Ⅰ. ①注… Ⅱ. ①欧… Ⅲ. ①成功心理学—通俗读物 Ⅳ. ①B848.4-49

中国版本图书馆 CIP 数据核字(2011)第 021368 号

注目礼

利益最大化的博弈之道

ZHUMULI

欧阳君山　著

*

北京出版集团公司
北　京　出　版　社　出版

(北京北三环中路 6 号)

邮政编码：100120

网　址：www.bph.com.cn

北京出版集团公司总发行

新　华　书　店　经　销

北京同文印刷有限责任公司印刷

*

787×1092　16 开本　13.5 印张　210 千字

2011 年 5 月第 1 版　2011 年 5 月第 1 次印刷

ISBN 978-7-200-08613-3

定价：29.80 元

质量监督电话：010-58572393

众说纷纭注目礼

一个人整天想一堆八竿子打不着的事，还活得有滋有味，还干得热火朝天，不倦，无悔，一路高歌，这个怪人，就是欧阳君山！

——香港《文汇报》社长助理、高级记者　田炳信博士

君山是我认识的大陆知识分子中，最为昂然独立的一位。读书不少，不为稻粱谋，其建构知识体系及发文论事，皆出于一份热血衷情。近二十年来，出入大陆参加过不少学术会议，认识不少任教学府之学人教授，有不少知交。但像君山这样的年轻人，只能形容他是孟子笔下的大丈夫气概型，俯仰天地，悠游世间，自得其乐，以胸中为丘壑，以大块为文章，其志实不小！愿君山继续，无须媚俗，或开出一番气象。我这么看他，也这么期待他！

——历史学教授、中国台湾佛光大学历史所所长　李纪祥

“通透”作为一种思想的大境界，或许没有人能够真正达到。但基于注目礼一点，勾连起社会、学问和人生，这就是君山思想的通透。

——香港某著名时政杂志主笔　冼岩

一注目礼洞穿“我”及社会的真相，如开天窗，叹为观止。横看成岭侧成峰，贤者读出通达，庸人读出厚黑，半部“注目礼”治天下。

——湖南省人民政府台湾事务办公室　何翼

通过君山的努力，我们得到了这个富有中华传统文明色彩的理论解释，由“我”出发来改造我们的行为，使中华民族崛起于世界优秀民族之林的时刻应该不远了！

——香港招商银行国际资产管理联席董事　郑磊博士

注目礼思想饱含四大：大气象、大智慧、大判断、大趋势。

——中央财经大学经济体制改革研究中心研究员　孔志国博士

以礼注目观天下，注目以礼行大道。君山的注目礼学说，究天人之际，通古今之变，成一家之言。读来如醍醐灌顶，尤其对追求上进的党政官员和企业家颇有指迷点津的作用。

——广东省工商联副主席　李阳春

昔日文人相轻的传统影响，也使我养成了自高自大的恶习，很少看他人文章，但自从君山先生的文章进入视野后，恶习得到改变，内心里承认天外有天、人上有人，他的文章意识超前，多思善悟，充满睿智，独辟一路。若是多一些这样的学者，思想理论真的会与时俱进。说不定，新时代的新道路就此开始了！

——中国作家协会会员　孙一寒

偶然认识欧阳君山，第一次见面是在《百家讲坛》当选题组长，匆匆一见，没太当回事。然拜读君山先生注目礼大作并多次交流和接触后，一位高大的当代思想家顿时耸立面前，颇有“独醒”风范，每每深受启发。

——英国普罗派乐卫星电视总监　刘克瑞

君山先生对于现代文明应“返璞归真”的思考是积极的，也是当下人类文明避免自我毁灭的正确方向。希望注目礼理论得到更多人的注目礼！

——《第一财经日报》主笔　张庭宾

直面现实与人生，思想深邃，对人生和社会的感悟透彻。

——全国人大培训中心主任　陈庆立

宇宙正气湘楚风，注目礼后开新宗。
船山胆识君山继，向天再借湖南人。

——湘商文化创始人、华商事业发起人　伍继延

欧阳君山是个思想家，一个草根的思想家，一个独立的思想家，一个天地人和的思想家。

——香港乐施会顾问、《我向总理说实话》作者　李昌平

注目礼争夺战，古今中外，概莫能外，构成人类历史和文化的核心内涵。惜乎今日世界，“奶多便是娘”，注目礼向一金钱聚焦，真有病也！

——北京航空航天大学经济管理学院副研究员　韩德强博士

一位草根学子论证了人类社会的注目礼，颠覆迄今世界上已有的经济学原理。惊倒了经济学大师亚当·斯密，“经济人”假设显得十分初级！

——经济学教授、社会科学文献出版社总编辑　邹东涛

一位年轻的思想家卓然独立于众人之中，或引领出一条中国人自己的思想之路。建议翻译为外语，推向世界。

——广东省委党校教授　岳芳敏博士

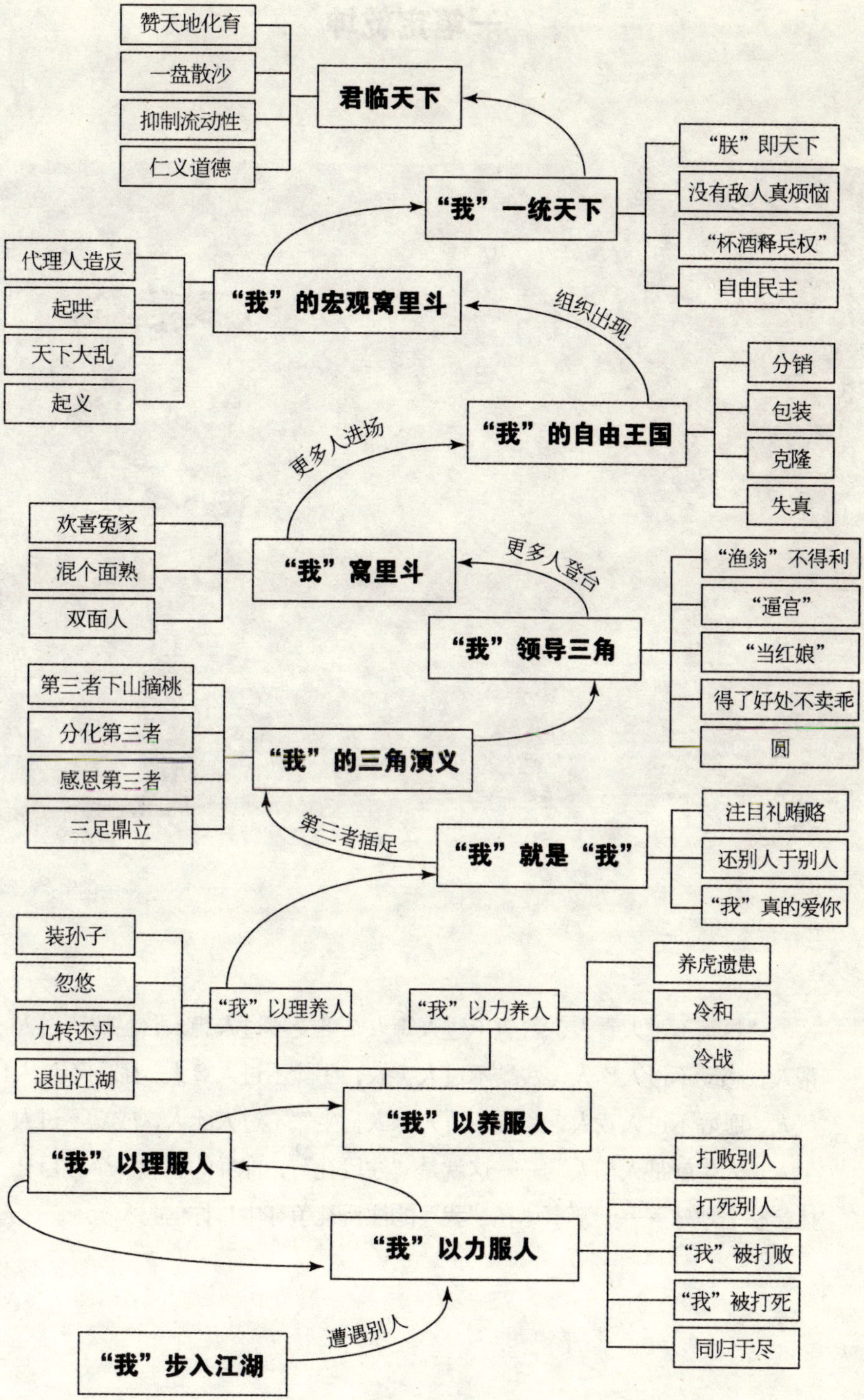
赞天地化育
一盘散沙
抑制流动性
仁义道德
君临天下
“朕”即天下
没有敌人真烦恼
“杯酒释兵权”
自由民主
“我”一统天下
代理人造反
起哄
天下大乱
起义
“我”的宏观窝里斗
组织出现
分销
包装
克隆
失真
“我”的自由王国
更多人进场
欢喜冤家
混个面熟
双面人
“我”窝里斗
更多人登台
“渔翁”不得利
“逼宫”
“当红娘”
得了好处不卖乖
圆
“我”领导三角
第三者下山摘桃
分化第三者
感恩第三者
三足鼎立
“我”的三角演义
第三者插足
注目礼贿赂
还别人于别人
“我”真的爱你
“我”就是“我”
装孙子
忽悠
九转还丹
退出江湖
“我”以理养人
“我”以力养人
养虎遗患
冷和
冷战
“我”以养服人
“我”以理服人
打败别人
打死别人
“我”被打败
“我”被打死
同归于尽
“我”以力服人
遭遇别人
“我”步入江湖

“我”的利益最大化征程图

一笔定乾坤

漫画创作：秋嫣然

“热闹不过人看人，着急不过人等人，难受不过人想人，温暖不过人帮人，感动不过人疼人，残酷不过人害人，阴险不过人算人，郁闷不过人气人，耻辱不过人戏人，为难不过人求人，生气不过人比人，成功不过人上人，人生就是人与人”——这就是“注目礼”，你懂的！但一个注目礼撬起整个地球——天下事尽在“我”的注目礼争夺中！你信吗？

序　一个很了不起的发现

这是我第二次为介绍注目礼理论的书作序，早在2004年年底，我还邀请君山到“天则双周论坛”介绍注目礼的理论，之后也多次作过评价，我一直认为，注目礼的提出具有重大的理论意义。

经济学不是一些经验拼凑起来的说法，而是一座具有严密逻辑结构的大厦。但万丈高楼平地起，任何一种理论都不能没有基石。而且关键是基石要稳，否则，逻辑严密的理论大厦也会倾倒。这正是注目礼理论所带来的严峻挑战，君山抽掉了经济学大厦最重要的一块基石——“经济人”假设。

尽管经济人的内涵如今也十分丰富，但核心的和现实上信赖的还是认为人在追求物质享受。君山返本归源，提出人是“注目礼人”，追求相互比较，未必只是为了本人的物质享受。这恐怕是谁也无法否认的，就是在公平社会，“人比人”的现象也仍然存在。注目礼的厉害就在于扣住了一个“比”字。

理论基石不一样，逻辑演绎自然就不一样。从注目礼人出发，君山进行了推演，得到一个全新的思想体系，可以解释许多人生和社会现象。这有点出乎意料，可以说整个颠覆了经济学，也可以说极大拓展了经济学的边界。

经济学最成功的地方是双赢创造财富，借用君山的话说，如果“我”不能为别人创造价值，那“我”就不可能获得别人的注目礼。注目礼人的演绎从“我”出发，紧扣人际互动，把自利与利他的对立统一演绎到了极致，有望从根本上结束长期以来对公私问题的争论。

应该说，君山博览群书，见解独到，触类旁通，学养很深。但奇怪的是，学术界至今不大愿意接纳。以我几年来的思考，越来越觉得注目礼理论是一个很了不起的发现，不仅开拓思想新境界，也能为生活与工作带来新启发，让我们活得更加明白一些，更加快乐一些。

北京天则经济研究所　茅于轼

目录
contents

第一章

人为什么老想着“我”

舍“我”其谁

“瞎忙”为何是句客套话

“我”是谁？这是萦绕在每一个地球人脑海中的根本问题，古希腊德尔斐的阿波罗神庙上刻着最有名的神谕：“认识你自己。”

中国民间有个说法：“天上一颗星，地上一口丁。”十分耐人寻味，因为天上的星星与人间的众生的确相似，而且星空图景和社会图景暗合。

透过望远镜探视太空时，首先看到的是密密麻麻的星星点点，或明或暗，似乎毫无规律，似乎也不大动弹。但持续观察一段时间，就可以发现：芸芸星球都在转动，既有围绕自身圆心的自转，也有围绕自身之外某一个圆心的转动；一个个星系也在转动，围绕更远的某一个圆心在转动。就这样一个圆圈套着一个圆圈，所有的星球都在做圆运动。

在某一个高处俯视人寰，首先看到的也是密密麻麻的芸芸众生，熙来攘往，似乎也毫无规律，仿佛一锅沸腾的水。但持续观察一段时间，也可以发现：芸芸众生都在转动，既有围绕自身圆心的自转，也有围绕自身之外某一个圆心的转动；而一个个人群也在转动，围绕更高处的某一个圆心在转动。就这样，一个圆圈套着一个圆圈，所有的众生都在做圆运动。

天上人间的区别当然还是有的，星球圆运动的圆心明白而实在，拿地球来说，地球绕贯穿地心和南北极的地轴自转，公转的圆心大约在太阳附近，而整个太阳系公转的圆心也实际存在银河系的某个地方。可人做圆运动的圆心是什么呢？

不妨看一下哪个字的使用频率最高，纽约电话公司做过一个调查，结果发现是“我”。在500个电话对话中，“我”被使用达3950次之多。不知道英文的“I”（我）有没有什么来历，但“I”这么简单的一笔，最容易书写，莫非也因为使用频率最高？

不是别的，不在别处，人做圆运动的圆心就是“我”，人的一切都在围“我”而转。被誉为“经济学之父”的亚当·斯密旗帜鲜明：“毫无疑问，每个人生来首先和主要关心自己。”实在讲，“我”不关心“我”，还关心谁?！谁还关心?！

太史公云：“天下熙熙，皆为利来；天下攘攘，皆为利往。”这一定也是在某一个高处俯瞰尘世而感慨的段子，但不够彻底，有点“犹抱琵琶半遮面”，赤裸裸地讲，那就是：天下熙熙，皆为“我”来；天下攘攘，皆为“我”往。

多日不见的朋友相逢，常常要问候一句：最近忙什么？对方往往回答：哎，瞎忙！你呢？回答常常也是：哎，也瞎忙。这绝对属于客套，这个天底下，这个世界上，可能有不成功的忙，但绝对没谁瞎忙，都在为“我”而忙。给朋友打电话，原本是想问一下近况，没想到劈头就是：“哦，有什么事吗？”瞧，谁会瞎忙？

谁不自我感觉良好

相对人世间其他的东西而言，爱情常常与“奉献”联系在一起，被认为纯洁而神圣。但是不是就脱离“我”呢？

> 法国有个作家，小说写得很棒，有个贫穷的女工常常读他的小说，不知不觉爱如潮涌，日思夜想，最后决定以身相许，哪怕是做他的女仆也愿意。
>
> 一天，她勇敢前往作家的住处。开门的是一个小痞子，作家当时出门了。小痞子发现女访者颇有姿色，又不认识作家本人，明知作家当时没有女朋友，但故意骗她说：作家陪情人旅游去了！
>
> 就这么一句话，不幸的女孩晕倒在门槛上。小痞子趁机扶住女孩，送她回家，哄她，劝她，安慰她，直到女孩委身于他。
>
> 一失足成千古恨，不幸的女孩后来沦落为妓。当作家知道时，一切已晚。

如果爱情真的纯洁而神圣，女孩会因听说作家已有情人而一下子晕倒吗？不客气地讲，女孩所谓的爱只是一种占有欲。爱情，被无数文人墨客捧得纯洁而神圣，但若非冲“我”而来，见鬼去吧！

人真的就一点都不能摆脱“我”？古圣先贤很早以前就呐喊要取义成仁，难道这一切都是假的？有人甚至要现身说法：“以本人为例，这么多年，呕心沥血，都是为了追求真理、正义和公道，虽不说仁人志士，咋至于是谋一己之蝇头小利呢？打死也不认！”

殊不知，自我感觉良好，天赋人性，与生俱来。专门研究人性优弱点的戴尔·卡耐基曾感慨，就是身陷牢狱的犯人们，也一个个牛哄哄的。不论一个人怎么自认为崇高无私，如何代表真理、正义和公道，在别人还没有理解和承认之前，就只是一个人的事，更明白地讲，一切就只是个人的私利。

真理、正义、公道，乃至整个天下，一切美好都必须有人代表，且必须由人代表，而且还必须转化为利益来代表。要不然，就没有“我”，一切都是浮云，流为漂亮的口号。“政治路线确定以后，干部就是决定性因素”——这个逻辑毫无疑问，没有人把路线作为自己的利益，所谓路线不就是幅图吗？

为什么人性不利他

人是围“我”而转，这一点应该不证自明。想一想吧，如果没有“我”，那“我”是什么？不可设想，一下也不行！世界上真有不证自明的话，不是别的，就是“我”，而且也只能是“我”——别的东西“我”都可以怀疑，甚至“故意”加以怀疑。但“我”不可再怀疑，因为即便对“我”进行再怀疑或再分解，也依然故“我”。

如的确需要一个证明，不妨用反证法来一下：假设存在一个毫不利己、专门利人的人，那他利谁呢？这是他每时每刻都不得不思考的问题，如果对对方有一个选择，凭什么标准来选择呢？能定一个标准的人必须有“我”，只能是“我”，这与他的无“我”矛盾。实际上，一个人能区分出自己与别人，就已经“我”心昭然了。

于是乎，这位毫不利己、专门利人的人没别的法子，只能不管对方是什么人，逢人便利，那能利多久呢？不管什么人，一个人的资源终归有限，坐吃山也空，他还能在这个世界上生存吗？

或许，在人类进化的某个阶段，假设某种神秘原因，的确存在过这样一批毫不利己、专门利人的人，但由于逢人便利，最后一个个都殚精竭虑而作古，不客气地讲，被生存竞争无情淘汰了。

也存在另一种可能，那就是所有的人都毫不利己、专门利人，而不只是某一个人或某一批人毫不利己、专门利人。如果是这样，那所谓的毫不利己、专门利人就是人心中的“我”。即是说，如果所有的人都利他，利他即成为人的私利所在，就构成人心中的“我”——这与所有的人都毫不利人、专门利己的社会可能没什么两样，甚至更加糟糕。

谈到人人利他时，很多人充满憧憬：“每个人想着的都是别人，多美啊！真正的‘君子国’！老天当初造人为什么就不弄个人人利他的天性呢？”想当然尔，只想到在人人利他的君子国，别人都会来利自己，而没想到自己也必须去利别人——你不去利别人，别人又怎么会来利你呢？别人不也坐在那儿跟你一样想吗？

当然，如果人一个个都不需要利，“足乎己无待于外”，另当别论。但事实是人作为生命都需要利，与其每个人都需要别人来利，还不如每个人自己利自己——“我”性自利，没有拐弯抹角，更直接，更节能，成本更低！

“君子国”比“小人国”更累人

有本有趣的书，叫《镜花缘》，清朝一个叫李汝珍的人写的，“君子国”可能就出自此书，叙述的是一个叫唐敖的人游历海外的故事，主要介绍海外各国的奇风异俗。

君子国是唐敖游历的第一个国家，那里的人个个都是君子，以吃亏让利为乐。《镜花缘》第十一回讲了一名衙门小兵买东西的情形：小兵手里拿着货物说：“质量这么好，价钱如此低，我怎么好买呢？”卖货人更加风度翩翩：“惭愧，我已经漫天要价，你不但不就地还钱，还要加价，羞煞我也。”小兵一听更急：“老兄以高货讨贱价，反说小弟克己，岂不失了忠恕之道？凡事总要彼此无欺，方为公允。试问哪个腹中无算盘，小弟又安能受人之愚哩。”

就这样礼来礼往，谁也不让，小兵赌起气来，拿起一半货物就走。卖货人一把拦住，一口咬定价高货少。最后，路旁走过两个老翁，好一阵折腾后，小兵才拿八成货物走人。

累——“君子国”比“小人国”更累！人人利他的君子国值得祈盼吗？人一个个实际上还在自利之中，也有利益诉求，正如小兵所云“哪个腹中无算盘”，区别只在于：君子国人以谦让对方为私利，哪里是没私利呢？

谁是最不可惹的人

“我”究竟咋回事

论及“我”，谈及人性自利，很多人要高谈阔论起基因来。人为什么自利呢？因为作为生命最基本单元的基因就是自私的，人的自利来自于组成人的基因的自私，这难道还有什么可怀疑的？

近现代以来，自然科学一有进展，社会科学就有主义，一直存在着列宁所指出的“从自然科学奔向社会科学的强大潮流”。表面上，这是所谓科学理性，冠冕堂皇；实际上，这是自然科学强奸哲学社会科学，不伦不类。自然科学是变化的科学，存在自我否定，今天的科学到明天可能就成“前科学”。难道社会科学也这样跟着瞎跑？社会科学是研究人的科学，尤其哲学作为研究根本性问题的科学，应该相对恒定。

如果哲学社会科学老跟着自然科学跑，拿人性问题来说，完全有这样的可能：生物学家某一天突然告诉你，他们最新发现基因并非绝对自私，所谓自私，只是某种更内在的生命物质因某种特定组合而显示的特例。咋办？

事实上，早在1995年，以色列耶路撒冷希伯来大学的专家小组就发现促使人类表现利他行为的基因，研究并显示：利他基因可能是通过促进受体对神经传递多巴胺的接受，给予大脑一种良好的感觉，促使人们表现利他行为。

既有自私基因，又有利他基因，拿基因说事，人性究竟是自利还是利他？至少就人性自利而言，根本不需要什么基因的根据。甚至可以说，即便生物学有朝一日宣称基因不自私，人性也自利，因为“我”是通过人的同一而定义，与别的任何因素无关。

如果所有的人都自利，那自利就是人心底的“我”；如果所有的人都利他，那利他就是人心底的“我”；如果所有的人都围绕一个叫王二胡子的圆心转，那这一个叫王二胡子的东西就是人心底的“我”。有个小故事可供参考：

> 有个小国，方士预言七天内必有大雨，要连下几天，而且雨水会使人变精神病。大雨果然来临，国王因为条件好，储存足够的清水，平安无事。老百姓条件有限，用完存水，不得不喝雨水，一个个都成了精神病。
>
> 但大雨过后，老百姓一个个自我感觉良好，反指责国王犯了精神病。由于百姓人多势众，国王孤家寡人，浑身长嘴说不清。为着感同身受，国王也不得不喝下雨水，变成精神病。

“我”怎么界定？人性自利要如何定义？就像故事中的精神病一样，精神真的病不病无关紧要，投票决定，势单力薄就是精神病，不同一就是精神病。

如果人没有“我”

人的一切都是围绕“我”而转，事实已经肯定，但是不是一桩好事呢？

有人恨“我”，认为一切都围绕“我”而转乃人类社会之大不幸，一切罪恶的根源都能追溯到“我”——这当然不错，因为一切都因“我”而起，当然就包括罪恶在内。这方面的典型可能要算乌托邦主义者，之所以主张消灭私有制，一定程度上就是因为对“我”生恨。

有人爱“我”，认为一切都围绕“我”而转乃人类社会之大幸，“我”就好比一架发动机，为社会运转提供源源不断的动力。“死了张屠夫，就吃混毛猪”，不一定，但没了“我”，绝对要吃混毛猪。这方面的典型可能要算“经济学之父”——亚当·斯密，他写道：“我们每天所需要的食料和饮料，不是出自屠夫、酿酒家或烙面师的恩惠，而是出于他们自利的打算。”

斯密甚至表示：“我从来没听说过，那些假装为公众幸福而经营贸易的人做了多少好事。”就是说，斯密不但爱“我”，而且只爱“我”，“我”是唯一，口口声声为别人服务，他反而讨厌。

理论家们尽管去争鸣吧，宇宙是偏爱圆运动的。假如所有星球都不做圆运动，比如说都直来直去，太空将是一幅什么图景？可以想象，呈现在眼前的将是一幅壮观的星空事故图，各种星球经常发生碰撞，残的残，毁的毁，坏的坏，灭的灭。

实际上，作为人这一圆运动的圆心，“我”是一个基点，不可或缺。要是没有“我”，人就转不起来，陷入一片混沌，根本不是人了。就像“当下禅师”，糊糊一团：

> 有个人，特别健忘，前不搭后，美其名曰“当下禅师”，意思是他唯一有的只是当下，过去过去也，未来未来也，当下就当下。
>
> 一天，当下禅师提着刀，兴冲冲往前走，砍竹子去。刚进竹园，腹内嘀咕，大便要出世了，把刀一掷，扯开裤子就来。园中竹子依依，一派苍翠，蹲着大便的当下禅师忍不住遗憾：“今儿要是带把刀来，多好啊!”
>
> 大便之后，看到旁边躺着一把刀，当下禅师禁不住手舞足蹈，嘴里嚷道：“啊，吉人天相，不知道谁的刀掉这儿了?”抓起刀来，装模作样，没想到一脚踩在自己刚才拉的大便上，跌了一大跤。当下禅师伤心爬起，破口大骂：“谁家狗娘养的种，道路正中拉大粪!”

这就是一个不作圆运动的人，因为特别健忘，没有记忆，不能形成一个圆心——“我”。这样的人难道不可怕吗？刚请他大吃一顿，嘴巴一抹，不认人了，更可能把你臭骂一顿，甚至舞手弄脚的，咋办？

或许，人可以不作严格的圆运动，但也得守定一个什么东西，这样才能自转，要不然就出问题。出租车司机什么时候最容易出乱子呢？有调查表明，没有乘客的时候！有乘客的时候，司机一心一意往目的地驾驶，恭敬得很，也就安全得很；没乘客的时候，司机不知道往哪里驾驶，心气无守，说不定哪一瞬间就出了乱子。

自利可怕吗？一点儿也不可怕，恰恰相反，正因为人性自利，才可以把握住人，进而驾驭住人，这不正是社会秩序的基础吗？设若人一个个都高深莫测，山里海里，云里雾里，根本把握不到运动轨迹，更看不到有什么圆心，那才是真正的麻烦事。

话说至此，想起“远华走私案”的主犯赖昌星。撇开政治、法律和道德而言，赖昌星之所以能把“腐败事业”搞得那么大——事后拍卖非法所得，厦门市财政收入过亿——的确也因为有自己的一套“理论”。最集中体现在赖昌星所说的一句“明心见性”的话：“不怕领导干部讲原则，只怕领导干部没爱好。”红尘滚滚，举目四顾，谁会没爱好呢？有“我”的人都有爱好，是“我”的人必有爱好！正是紧紧把握各色人等的“爱好”，赖昌星最后把一些领导干部控制于麾下，为其所用。

事实上，如果人一个个都神龙见首不见尾，没目标，没爱好，没圆心，运动毫无规律，社会根本不可能形成秩序，只能是茫茫一片混沌。情形就好比广场上有一大批车在开着，但每辆车都不知道开往何处，胡碰乱撞，结果当然就是广场上留下一大堆废铁。

“非我”如何祸国殃民

就像圆心是形成圆运动的关键，“我”是形成社会秩序的基点。要是人类社会突然冒出一个或几个不讲“我”或没有“我”的人，社会正常秩序就可能受到干扰。有一则外国寓言，非常有意思，特借花献佛：

> 从前有个国家，人人都是贼。
>
> 一到傍晚，他们手持万能钥匙，提着遮光灯笼出门，到邻居家行窃。破晓时分，他们提着偷来的东西回家，总能发现自家也失窃了。
>
> 他们就这样幸福地居住在一起。没有不幸的人，因为每个人都从别人那里偷东西，别人又从其他人那里偷，依次下去，直到最后一个人去第一个窃贼家行窃。该国贸易也就不可避免的是买方和卖方的双向欺

骗。政府是个向臣民行窃的犯罪机构，而臣民也仅对欺骗政府感兴趣。日子倒也平静，无所谓富人和穷人。

有一天，到底是怎么回事没人知道，总之是有个诚实的人到了该地定居。夜幕降临，他没有提灯笼出门，而是待在家里抽烟读小说。

贼来了，见灯亮着，就没进去。这样持续了一段时间。后来他们感到有必要向他挑明一下，纵使他想什么都不做地过日子，可他没理由妨碍别人做事。他天天晚上待在家里，就意味着有一户人家第二天没了口粮。

诚实人感到他无力反抗这样的逻辑。从此，他也像他们一样，晚上出门，次日早晨回家，但他不行窃。他走到远处的桥上，看河水从桥下流过。每次回家，他都会发现家里失窃了。

不到一星期，诚实人就发现自己已一文不名了：家徒四壁，没任何东西可吃。但这还算不了什么，只是他自己的事。问题是他的行为使其他人感到很不安，因为他让别人偷走了他的一切，却不从别人那儿偷任何东西，这样总有人在黎明回家后发现家里没被偷过——那本该由诚实人进去行窃的。

不久以后，那些没被偷过的人家就发现他们比别人富了，就不想再行窃了。更糟的是，那些跑到诚实人家去行窃的人，总发现里面空空如也，因此他们就变穷了。

同时，富起来的那些人和诚实人一样，养成了晚上去桥上的习惯，他们也看河水从桥下流过。这样，事态更加混乱，因为这意味着更多的人在变富，也有更多的人在变穷。

富人发现，如果他们天天去桥上，他们很快也会变穷的。他们就想："我们雇那些穷的去帮我们行窃吧。"他们签下合同，敲定了工资和分成。自然，他们依然是贼，依然互相欺骗。但形势表明，富人越来越富，穷人越来越穷。

有些人富得已根本无须亲自行窃，雇人行窃就可保持富有。但一旦他们停止行窃的话，他们就会变穷，因为穷人会偷他们。因此他们又雇了穷人中的最穷者来帮助他们看守财富，以免遭穷人行窃，这就意味着要建立警察局和监狱。

因此，在诚实人出现后没几年，人们就不再谈什么偷盗或被偷盗了，而只说穷人和富人。但他们个个都还是贼。

唯一诚实的只是开头的那个人，但他不久便死了，饿死的。

“我”是通过所有人的同一而定义的，寓言中外邦来的诚实人与该国所有的人不同一，在该国是个地道的“非我”——在别的国家倒不一定，比如在诚实之国就是个常“我”。正因为“非我”，不偷不盗，导致该国原有秩序崩溃，以致最后形成贫富悬殊乃至于暴力满天飞的局面。寓言揭示一个极其重要的道理：“我”并不可恨，更不可怕，可怕的是“非我”，没有“我”。

自由需要证明

怎么说，人性自利都是碗剩饭，而且馊得很。不要说从约翰·洛克（他被认为首倡自利构成社会基础）开始，即便从亚当·斯密（他被舆论认作首论自利带来社会福利）算起，整个西方思想界对人性自利细琢细磨，如切如磋，也几百年久矣！可“我”究竟为什么不可怕呢？

经济学之父尽管非常赞赏“我”，但也没作出真正的论证，而只是提出一种假想——“看不见的手”。在最著名的《国富论》中，斯密表示：一个只盘算一己之利的个人，受一只“看不见的手”的指引，去达到一个与他的盘算不相干且能够实现社会福利的目的。

看不见的手是什么呢？尽管旗帜鲜明反对所谓计划和干预，但斯密并没有细说，看不见的手算是假设成分。斯密以后，虽然自由主义一直是经济学的主流，但一代接一代的经济学家似乎都没有对看不见的手作出过正面或直接的论证，不能不说是西方的遗憾！

但西方经济学也不是毫无作为，如果提出看不见的手的证明问题，相当一部分经济学人可能要立马做沉思状，搜肠刮肚，最后会拿出所谓“一般均衡模型”——简单地说，就是市场上的供给与需求会在充分反应后达到一个稳定的状态。

一般均衡模型是西方经济学极其重要的分析工具，而且的确带有自由的意味，但作为自由主义的证明，大可阙疑。道理很简单，一般均衡模型并没有真正展现一个人在市场上的运动过程，充其量是对市场机制的一个大而化之的说明，更远谈不上作为自由能够主义的证明，即：不需要任何人为的干预，在人人心中所有的“我”的指引下，社会能够和谐运转，就像大自然不需要任何外力的干预一样。

不仅经济学如此，西方政治学也不求甚解。虽然大讲自由主义和个人主义，提出“个人主义本质上是关于自由的个人主义，自由主义本质上是关于个人的自由主义”，并认为“个人是最基本的社会构成单位，也是最高的社会构成单位”——这一点甚至直接反映在“Individualism（个人主义）”一词上，从词源上讲，Individualism来自拉丁文的“Individuum”，意思就是个人不可再分割。可个人与个人会怎样互动呢？个人在社会上又如何运动呢？尽管西方思维热衷于清晰与证明，可一代接一代的西方智者一直也没能说出道理来，不能不说是西方的耻辱！

于是乎，在整个西方思想中，自由或自由主义不幸而成为一句漂亮而响亮的口号，没有证明被粉饰为无须证明，所谓“天赋人权”。的确存在天赋人权，但并非自由或自由主义，而就是“我”——人性自利。

可人性自利并不等于自由，更不等于自由主义。人性自利是一个事实，自由是一个对人性的判断，自由主义更是一个对人性和社会的神圣判断。从事实到判断，从人性自利到自由或自由主义，怎么能不加以证明呢？

第二章

别人令“我”居心叵测

别人是“我”的镜子

发现“阿基米德支点”

当“注目礼”思想在北京精英圈不胫而走时，不时有朋友问：“注目礼是什么意思呀？”有时候会高谈阔论，纵横驰骋；但常常也微微一笑，倒打一耙：“别这么严肃，行不？也不打听我的家门，咱自报吧，我叫‘欧阳君山’，欧阳君山的‘欧阳’，欧阳君山的‘君’，欧阳君山的‘山’。”朋友乐了：“哪有这么报家门的？葫芦里卖的什么药嘛！”不是别的什么药，就是灵丹一颗——注目礼！注目礼的意思就是：人，不只是人，也包括物，世界上、天底下乃至宇宙中的一切，都不能自己证明自己的存在，自己肯定自己的价值，必须透过他人或别物来揭示和判定，要不然，就沦为鲁迅先生笔下的“爱国者”：

> “你说甲生疮。甲是中国人，你就是说中国人是生疮了。既然中国人生疮，你是中国人，就是你也生疮了。你既然也生疮，你就和甲一样。而你只说甲生疮，则竟无自知之明，你的话还有什么价值？倘你没有生疮，是说诳也。卖国贼是说诳的，所以你是卖国贼。我骂卖国贼，所以我是爱国者。爱国者的话是最有价值的，所以我的话是不错的。我的话既然不错，你就是卖国贼无疑了！”

一阵子唇打南山猛虎，舌踢北海蛟龙，你节节败退——卖国贼，我步步高升——爱国者！但这只是循环论证，不客气讲，老鼠爬秤钩——自己称自己。这就是注目礼，从逻辑的高度讲，注目礼就是最最基本的思维法则：自证非法！正因为这一点，注目礼毋庸置疑，颠扑不破。

可能正因为构成最最基本的思维法则或者说逻辑律令，注目礼还顺手牵了两头羊，而且是极具高度、极富底蕴的两头羊：一是悠然联结主观和客观；一是自然完成人的价值度量。

众所周知，主观和客观是哲学上一对基本概念，意义非常重要，运用十分广泛，可能仅次于所谓的物质与意识问题，尤其在某些哲学流派中，动不动就是主观与客观及其主义。可什么是主观呢？什么又是客观呢？为什么会有主观和客观的对立呢？

有人可能要说：所谓客观，就是不以特定人的角度去看待事物，指的是事物本身本来的属性，不以人的意志为转移。首先声明，这样的客观确实存在。但说法也未免太轻巧了，问题是：如果别人不承认呢？举例来讲，“我”说某东西是某东西，而且的确是某东西，可如果别人不承认，不还是“我”的主观吗？另一方面，一个人或某事物如果得到别人的承认，即便实质上非客观，但一定时期内，也能代表客观。希特勒及其纳粹主义在“第三帝国”时期不就是德国人的客观吗？

区别主客观的，或者说，联结主客观的，正是注目礼，简单讲，主观就是主观，或者干脆说，主观就是“我”观，客观就是从别人观，指的是别人的承认。注目礼既能描述主观感受，又可保障客观评价，把“我”和别人联结在一起（后边会有论述），把主观与客观统一在一起。

一个人的价值要如何度量呢？自己肯定自己，自己欣赏自己，自己尊重自己，自己承认自己，自己注目自己，自己致礼自己。说自己是全球顶级富豪比尔·盖茨，就是比尔·盖茨；说自己是联合国秘书长潘基文，就是潘基文；说自己是什么，就是什么，一个人自成一个意义世界——是什么呢？精神病！

必须通过别人来揭示和判定！正如马克思在《资本论》中所提到的，一种商品不可能自己度量自己，而必须通过交换，借助于别的商品来进行。比如说，一个南瓜的价值不可能用南瓜来度量，因为一个南瓜就是一个南瓜，必须借助于别的商品来度量，比方一个南瓜价值两个西瓜或三条丝瓜。“我”也必须透过别人来看到自己，诗意着说，别人是“我”的镜子——自己的意义何在，价值何有，别人的注目礼镜鉴！

“我”当然是喜欢照镜子的。有个叫《通缉令》的电影，片头和片尾，主人公韦斯利·吉布森不同寻常地关心“我是谁”，两次在“Google”中输入自己的名字进行搜索——这应该算最时髦的照镜子——结果一个词条也没有。连国家都需要通过别人来看自己，北京奥运会有首歌，叫《中国看见》，就唱道：“看见自己，世界在你心里；看见自己，你在世界眼里。不同语言的唤起，心灵凝集，流传在世界心里，中国看见自己。”

逻辑上的自证非法、哲学上的主客观、人的价值度量，实质上就一个问题，不过一个问题的三个方面。注目礼化解主观和客观的问题，从基本逻辑的角度看，从主观到客观也就是走出循环自证。注目礼解决人的价值度量问题，从主客观的角度看，度量也是个主观和客观的关系。所以从更深的层面讲，注目礼不只是一个基本概念，极其可能，注目礼就是历来哲学家们所苦心孤诣的“阿基米德支点”！

人人需要被注目

阿基米德说：给我一个支点，我就能撬动整个地球。如果说注目礼就是哲学社会科学上的阿基米德支点，那能撬动什么呢？第一个跳入眼帘的，可能也是一个最具综合性因而也极具基本性的问题：存在！

“我”吃着，喝着，坐着，走着，说着，做着，喜着，怒着……一句话，活着，用哲学一点的话讲，存在着。堪称西方文化史上最伟大的哲学家柏拉图说过：“当你们用‘存在着’这个词的时候，虽然你们早就很熟悉这究竟是什么意思，不过，虽然我们也曾相信懂得它，但是现在我们却茫然失措了。”这可能是每个人的难题和感慨。

存在着究竟是咋回事呢？从简单的感性开始吧，有一张图片叫“一个裸男和一群禽兽”，好奇不？点开一看，是一个小男孩，没穿衣，在看着一群羊，他爸爸可能有事走开了。是不是有点失望？有一张图片叫“沙滩上的美女走光了”，好奇不？帅哥肯定想看，一点开，美丽的沙滩，不但美女走光了，而且男人也走光了，一个人影都没有。是不是有点失望？

在网络上常常会经历这样的失望，一个很引人注目的标题，一点开却是大失所望的内容，不是名不副实，就是夸大其词，有时候还驴唇不对马嘴，甚至子虚乌有。这叫什么行为？这叫“标题党”，惯于向眼球发动猛攻。不管喜欢不喜欢，标题党现象以最直白的方式揭示了一个人性的奥秘：人人需要被注目！

美女就属于“标题党”，“做女人‘挺’好”，那个“挺”的样子不就是标题？帅哥也属于标题党，“男人，不止一面，今天你秀哪一面？”那个“秀”的样子不就是标题？如果不能够引人注目，人不只是会挺会秀，甚至可能大搞“行为艺术”：

> 一片大的办公区间，你来我往的打工仔和打工妹，氛围是热闹的，大约是工间休息吧。
>
> 真奇怪，一位打工妹在翻来覆去地摆弄着手。细一瞧，不是在摆弄着纤纤十指，唱主角的是那一枚戴在左手第三个指头上的戒指，璀璨夺目。昨天是情人节，男朋友赠送礼物，她心里面美滋滋的。遗憾的是，还没有哪一个同事知道呢，更甭提啧啧称美了——璀璨不夺目！
>
> 可怜的打工妹不知如何是好，突然间，她一下子站起身，向周围的同事们说：“噢！今天办公室太热啦，我必须脱下我的戒指！”

刹那间，一双双眼睛就像长了脚似的，全跑过来，戒指更加光芒四射了。

千万别笑，憋着——这个打工妹实际上是我们每个人，从国家元首到普通百姓，从知识精英到贩夫走卒，从高僧大德到芸芸众生，普天之下，概莫能外。黄金为什么闪光？因为如果黄金不闪光，人们就难以发现和甄别，有就等于没有，在就形同不在。

众所周知，扁鹊是个神医，往脸上一看，就知道人有没有病。但有史书记载，扁鹊并非医术最高明的，他还有两个哥哥，医术要高得多。可为什么人们独知道扁鹊呢？魏文侯曾问扁鹊兄弟医术的高低，答："长兄治病，是治于病情未发之前，一般人根本就不知道他事先能铲除病因，所以名气无法传出去。二哥治病，是治于病情初发之时，一般人却以为他只能治轻微小恙，所以名气只及于乡里。我呢？是治于病情愈发严重之际，在经脉上放血，在皮肤上敷药，大家一个个看在眼里，遂以为我医术最高，因此名满天下。"

一个价值的存在，首先必须引人注目。如果不闪光，不引人注目，自然别人就不注目，当然别人就不知道，何价值之有？存在主义哲学发现了这一点，比如被誉为"当代哲学英雄"的德国哲学家汉娜·阿伦特曾学究气十足但非常明确地表示：孤立的个人没有意义，任何行动都只有"他人"在场的前提下，才有进一步讨论的空间。"他人"在场是价值得到度量的条件，是从主观升华客观的保障，是超越循环自证的基础——当然也是引人注目且有人注目的基础。

道德再简单不过，黄金没有被发现，的确就等同于石头。楚霸王是爽直的，当年说过一句掏心窝的大实话，那是他初定秦都咸阳，大约也是身边的参谋劝他"宜将剩勇追穷寇"，可他想的是回趟老家，干什么呢？享受注目致礼，曰："富贵不归故乡，如衣绣夜行，谁知之者？"

一个人如果不能够正当地引人注目，或没有正当引人注目的路子，就有可能搞歪门邪道，网上流传的什么哥和什么姐不都这样子吗？这还算好的，有的人为引人注目，甚至走上犯罪的道路。曾有人在清华大学和北京大学的餐厅制造小爆炸，后来嫌疑犯承认没别的想法，就是为了出名。米兰·昆德拉很给力，一语点破天机："每个人都害怕默默无闻地消失。"

不只是人，任一存在或价值，首先都必须引人注目。但注目绝非注目礼，不管是人还是物，抑或别的东西，要引人注目，必须要有值得注目的价值。要不然，把大伙儿的目光吸引过来干什么呢？“标题党”的确可以在标题上狠下工夫，语不惊人死不休，但如果后边没有真正的内容支撑，不就忽悠人吗？靠制造爆炸出名，的确引人注目了，可人们注过来的目中有礼吗？没有，反而是非礼。

注目使人获得存在感，的确可使一个人白日飞升，但也可以把人烤成串——乃孟德当年的说法，当孙权上书劝曹操称帝时，他呵呵一笑，曰：“是儿欲使吾居炉火上耶！”意思就是，孙权这小子没安好心，要把我架到炉火上，他等着喝酒吃烤肉串啊！

“站起三碗饭，躺倒三尺床”

存在问题可能有点玄，也可能有点虚，西方的存在主义哲学更是搞得云里雾里，能不能谈点现实的呢？极其现实，注目礼还天然地表现为人的需要。

“我”究竟需求和追求什么呢？天下熙熙，皆为利来；天下攘攘，皆为利往——太史公的话漂亮，但不彻底。往上说不彻底，没有对“我”指名道姓；往下说也不彻底，没有就“利”指名道姓：“我”熙熙攘攘所追求的是什么利呢？

当然就是物质的利，在任意一个国家的任意一个城市的任意一个街头，抓住任意一个行人，问一问：您这么行色匆匆，都在忙活些什么呢？对方肯定会告诉你：为了生计呗！人活着，只要一口气不断，就要吃喝住穿，没办法呀！如果没骂你“神经病”，对方脸上应该都会露出不屑来：人是铁，饭是钢，一顿不吃饿得慌，这还用问？你装呀！

就是饿得慌，也还是为了吃。据说有一家街头杂技团，常常表演一些稀奇古怪的花样，其中包括忍饥挨饿。一天，又有人在铁笼中表演忍饥挨饿，好几天不吃饭。有好事者问何以至此，曰：“为了吃饭呀！”

可人究竟需要多少物质的利呢？心理学和经济学应该是与人的需求问题距离最近的两门学科，心理学对人的需求进行探底，经济学则整个基于人的需求。可心理学和经济学对此都哑口无言，尤具讽刺的是，现代经济学讲量化，动不动要有公式和数据可查，但对如此紧要的量化问题，却视若无睹。

哲学社会科学的其他学科比如社会学，似乎也没有具体回答过人究竟需要多少物质的利。倒有好事者估算过，按中国当前的生活水准，一名普通城市白领一生要花的钱在360万—500万元人民币之间。不管这是不是准确，但有一点可以肯定，那就是：人实际需要的物质的利是有限的，甚至可以说极其有限——“站起三碗饭，躺倒三尺床”，不是吗？

在江苏华西村口，树碑铭刻着原支书吴仁宝先生的座右铭：“家有黄金数吨，一天也只能吃三顿；豪华房子独占鳌头，一人也只占一个床位。”如此素朴的道理，谁不明白？谁能反对？人的物质需要和享受的确极其有限，因为我们的身体原本极其有限，就是浑身长嘴吃不停，也只有一个肚子呀！

既然人的物质需要和享受原本极其有限，可人为什么还要追求“家有黄金数吨”呢？为什么还要追求“豪华房子独占鳌头”呢？为什么我们虽不能享有却还要追求占有呢？黄金数吨究竟为我们带来什么呢？豪华房子究竟满足我们什么呢？

“别人死老婆等于自己娶媳妇”

马克思其实早已捅破窗户纸！“我们的需要和享受是由社会产生的，因此，我们对于需要和享受是以社会的尺度，而不是以满足它们的物品去衡量的。”什么是社会产生或社会尺度呢？马克思写道：

> 一座小房子不管怎样小，在周围的房屋都是这样小的时候，它是能满足社会对住房的一切要求的。但是，一旦在这座小房子的近旁耸立起一座宫殿，这座小房子就缩成可怜的茅舍模样了。这时，狭小的房子证明它的居住者毫不讲究或者要求很低；并且，不管小房子的规模怎样随着文明的进步而扩大起来，但是，只要近旁的宫殿以同样的或更大的程度扩大起来，那么较小房子的居住者就会在那四壁之内越发觉得不舒适，越发不满意，越发被人轻视。

这话点到“我”心坎，“我”确实就是这样的货色。“端起碗来吃肉，放下筷子骂娘。”如果“我”端起碗来吃肉，别人的碗里面是汤，那“我”就踌躇满志，放下筷子踱踱步；如果“我”端起碗来吃肉，别人的碗里面也是肉，甚至比“我”碗里面的肉还好，那“我”放下筷子，就要骂娘。

不错的，“我”首先必须吃喝住穿，然后才能从事其他。可问题恰恰就在于，“我”的吃喝住穿并非单纯的吃喝住穿，而是要与别人相比较的吃喝住穿，要引人注目的吃喝住穿，要高人一等的吃喝住穿。钱钟书先生说，讨阔佬的小姐，宗旨往往不在女人，而在于阔佬的煊赫，女人仿佛是顺带捎的。说“我”就为吃喝住穿而忙活，忒俗了吧？

比方说，“我”在吃喝住穿上已达到小康，住普通公寓，开普通小车，优哉游哉的。但如果“我”周围的人在吃喝住穿上都已达到富裕，住豪华别墅，开豪华小车，“我”可能就急了，吃也吃不香了，睡也睡不甜了，穿也穿得不舒服了，“我”会从心底里宣布：不行啊，兄弟们，“我”还没解决好生存问题呀！于是又投身熙熙攘攘的洪流，社会又增加了一份来自“我”的强劲动力。

如果“我”和别人不存在比较，天下太平久矣，而且个个都是“张百万”——话是这样讲的：张家有财一千万，九个邻居穷光蛋，平均起来算一算，个个都是张百万。但因为比较不可避免，别人尤其邻居们，常常令“我”耿耿于怀，中国有句谚语就叫“王小二过年看隔壁”，无独有偶，美国也有类似的说法“Keeping up with the Joneses”，译过来就是“像富裕的邻居一样生活”。

老百姓还有句俗语，活生生地把“我”和别人的比较展现于眼前，叫“别人死老婆等于自己娶媳妇”。别人死老婆虽是事实，可自己并没有真的娶到媳妇，可为什么却等于娶媳妇呢？如果说利益，“我”真正的利益在人与人的比较——不妨称之为“人间利益”！

不只是吃喝住穿，“我”整个人都生活在与别人的比较中。从呱呱落地到蹒跚学步，尽管懵懂无知，但已被爸爸妈妈拿着与别人比较过不知多少回了。只要有“我”和别人，就会有比较。不仅个人与个人比，而且团队与团队比，直到国家与国家比，乃至文明与文明比，万类霜天竞自由。

有句俗话叫“人比人，气死人”，绝非叫人不要比，而是提醒人不能盲目攀比，要恰当地比，比出自己的意义和价值来。道理很简单，没有比较，就没有鉴别，如果没有与别人的比较，“我”怎么知道自己姓甚名谁？

比较是最基本的认知方法，马克思称之为“理解的钥匙”，一位叫尼古拉·库萨的哲学家——被誉为“近代哲学开幕人”——甚至表示“一切研究都是比较”，所有对未知的判断都是通过与已知相比较而得出的。欧几里得几何从 5 个公设、5 个公理和 23 个概念演绎出 467 个定理，不正是比较吗？说到底，演绎即比较。

马斯洛为什么不彻底

谈到人的需求，不能不谈到颇为流行的“需要层次论”，版权人是被誉为“人本心理学之父”的亚伯拉罕·马斯洛，核心观点是人存在多种性质不同的需求，不仅有高低之别，而且有先后之序，从先到后、由低到高依次为：生理需求、安全需求、归属需求、尊重需求和自我实现需求。

这似乎是个无懈可击的回答，不仅面面俱到，似乎也符合生活的常识，而且与马克思的伟大发现——人们首先必须吃喝住穿行，然后才能从事其他——也十分吻合。但下面的故事可能要令马斯洛头疼：

有个铁匠，早年丧妻，养着好几个孩子，整日忧心忡忡：哪天我病倒了，不能打铁，怎么办？饭也吃不香，觉也睡不好，身体一天天虚弱。一天上街买东西，由于长期积郁，突然昏厥。有好心人路过，询问了解后，把脖子上的项链取下，说："这是一条金项链，必要时可帮助解危，若非万不得已，别卖！"

天上掉下大元宝，铁匠高高兴兴回了家，想："如果哪天实在不行，我就卖掉这金项链，嘿嘿！"就这样，白天高兴工作，晚上安心休息，很快恢复了健康。后来，最小的儿子也长大成人，家底一天天殷实。一天无事，铁匠翻出项链，到首饰店估价，老板鉴定后，说：这是一条铜项链，价值一元。

一条假金项链不仅满足人的需要，而且改变人的命运，是不是足以表明人各层次需要的脆弱？真正贯穿在各需要层次背后的还是注目礼，没有先后，也没有高低，人与人的比较随时随地存在。按需要层次论，乞丐可能不追求尊重的满足，还在温饱线上挣扎，奢谈什么尊重？但乞丐实际上也需要注目礼，也在与人比较，虽不太可能与身边的正常人比，但会与自己身边的乞丐一较高下。就像下面诗中的小孩一样：

满街都是新鞋
我是多么寒碜
缠着妈妈一路哭闹
直到突然看到
一位失去了腿的人

据称马斯洛是位智商高达 **195** 的犹太天才，专门研究人的动机与需要。但不幸的是，马斯洛不够彻底，为什么不够彻底呢？原因应该不在于马斯洛没注意到注目礼的需要，他已明确谈到尊重，而在于他没有从存在感的层面来认识注目礼，也没有从价值度量的角度来认清注目礼，更没有从哲学认识论的高度来对待注目礼。注目礼的确属于人的需要，但如果简单界定为一种需要，近乎买椟还珠，更本质的，注目礼乃最最基本的逻辑律令，联结主观和客观，表达人的存在，度量人的价值。硬要说注目礼作为需要，倒可借用法国启蒙思想家霍尔巴赫一句话来表达："在所有东西中间，人最需要的乃是人。"

社会是“我”的地球

人为什么害怕孤独

人为什么是社会人？这是社会学的基本问题，也是历史学和人类学的基本问题，甚至称得上是全部社会科学的基本问题。这并不过分，连人为什么是社会人都不回答，怎么搞社会科学呢？

回答此问题，首先想到的或许就是人类社会最初是如何诞生的。这自然而然，既然要回答人为什么是社会人，当然就得回溯到人类社会最初，即原始社会是如何形成的，这涉及对原始社会或所谓“自然状态”的看法。

可自然状态是什么样的，是洞天福地，还是穷山恶水？这是一个人类学问题，牵连到考证，而考证往往层出不穷，今天考证是这样，明天考证又是那样，大后天的考证还不知咋样，争议几乎不可避免，而且近乎无穷无尽——怎么办？其实不妨简化一下：“我”为什么要做社会人？这是每个人都可以扪心自问的。

答案正是注目礼！从最简单的日常生活现象说起吧，我们常常会说到孤独，据称还是航天飞行的重大课题，宇航员飞天时都得配备自杀工具，以防止可能的孤独的煎熬。2004年年初，一个叫弗朗西斯·茹瓦永的法国人创造了一项单人驾船环游世界新纪录。但不是没有代价的，茹瓦永坦言，在73天的航行中，孤独感无法抑制，几乎使人窒息。如果没有注目礼的需要，或者说，如果人不需要人，孤独有什么可怕呢？由此是不是也可以给一个定义：所谓孤独，就是长时间得不到注目礼滋润的感觉？

何况做社会人，即便参与集体活动，“我”也心怀叵测，希望别人注目致礼。参与第一，比赛第二——这是包括奥运会在内的竞技活动的重要宗旨，可“我”往往都是挂羊头而卖狗肉，以参与为名，以获得注目礼为实。谁会心甘情愿做陪衬呢？鲁迅先生说得好：“大家去谒陵，强盗装正经。静默十分钟，各自想拳经。”企望竞技会纯粹技术化，完全是痴心妄想。这个世界上，只要有“我”在，集体活动就都是政治活动，为注目礼明争暗斗不可避免。

何况参与集体活动，即便日常生活中称赞别人，“我”也心怀叵测。英国大文豪威廉·毛姆一句话说得“我”直汗颜：“当人请你批评时，其实是希望获得赞赏。”大家千千万万注意这一点，“我”的的确确、确确实实、实实在在就是这么一个人，没有注目礼，万万不可以。

何况称赞，就是大伙儿对别人多瞧一会儿，即便这样，“我”心里可能都不是滋味。韩少功先生堪称“作家中的思想家”，他的很多文章读来不仅有语句上的快感，而且有思想上的灵性，令人过瘾。韩先生讲过一桩小事：

> 坐飞机旅行有所谓空中摸彩：谁中彩，谁就获得下次旅行的免费机票一张。这当然很有刺激性，尤其是当中彩者的座号由主持小姐以职业化的激动语调大声宣布时，丛林般站起来的人们齐刷刷地盯住中彩者的面孔，然后是鼓掌和欷歔。有意思的是，此时懊丧者很有一些，但最为懊丧的必是中彩者的邻座。

何况有别人在旁边，即便“我”孤独一人，无人注目致礼，“我”也不会自甘沉沦，而要自己表扬自己，一面大骂“葡萄是酸的”，一面也高唱“我的未来不是梦”。大画家梵高孤独得要自杀，但仍然对注目礼心存切盼，自己许愿说：“总有一天，我会找到一家咖啡馆展出自己的作品。”

有部电影叫《荒岛余生》，可能是有史以来出场人数最少的人物电影，三分之二的时间里，只有一个人。由于飞机海上失事，主人公诺兰漂到一荒芜小岛上，比鲁滨孙更孤独，连只动物都看不到，唯一的伴侣是一个排球，被画成人脸模样，取名“Wilson”。当最后驶离小岛时，Wilson 掉入大海，诺兰悲恸万分，喊声和哭声穿透茫茫大海，传向深远。

“三顾茅庐”是真还是假

连孤独也不能超越，太没出息了吧？在这里不能不提到一个牛人——诸葛亮。牛得近乎神，不是说他神机妙算，而是他一亮相就神龙见首不见尾，乃刘备三顾茅庐请的。似乎不是诸葛亮需要注目礼，而是注目礼需要诸葛亮，果其然乎？

史学界目前主要是两种看法：一是刘备主动登门，诸葛亮感动，三请乃出。依据之一是《三国志·诸葛亮传》的记载：“凡三往，乃见。”另一个依据是诸葛亮《前出师表》中的自述，明明白白地点出前因后果，曰：“臣本布衣，躬耕于南阳，苟全性命于乱世，不求闻达于诸侯。先帝不以臣卑鄙，猥自枉屈，三顾臣于草庐之中，咨臣以当世之事。由是感激，遂许先帝以驱驰。”小说《三国演义》中的三顾茅庐，应该从此而出。

另一看法则是诸葛亮送货上门，应聘自荐，刘备器重，受邀而出。主要依据是《三国志·诸葛亮传》裴松之的注解：“亮乃北行见备。备与亮非旧，又以其年少，以诸生意待之。坐集既毕，众宾皆去，而亮独留，备亦不问其所欲言。”显而易见，刘备当时对诸葛亮并不太“感冒”，近乎不理不睬。

但三顾茅庐并非一致通过，质疑者不少，有的甚至说是诸葛亮自导自演。的确，就刘备和诸葛亮当时的实情而言，刘备固然需要诸葛亮，但诸葛亮更需要刘备。毕竟刘备当时“天下谁人不识君”，不仅号称汉室正胄，而且也算身经百战。就是年纪也差一大把，第一次见面，备已46岁，亮不过区区26岁。

最重要的是，诸葛亮需要出山，《三国志》说得分明，“每自比管仲、乐毅”，若诸葛亮真的不求闻达，何有此比？真的不求闻达，何以通晓天下？隆中一对，让刘备折服，明显是有备而来嘛！

从诸葛亮出山后的作为看，鞠躬尽瘁，死而后已，并不怎么超凡脱俗，甚至也可说凡夫俗子一个。某些方面，诸葛亮还表现出偏执，以致有人批评他穷兵黩武，最明显的当然便是有点自不量力的“六出祁山，光复汉室”。

现在的问题是：既然诸葛亮更需要出山，更需要刘备，而三顾茅庐之说为何广为流传？可能还有别的因素，比如以讹传讹，甚至也可能出现历史的选择性过滤。但综合起来考虑，易中天先生提出的假说应该可信，简单地说就是：诸葛亮先向刘备自荐，但一时没引起重视，由于的确称得上“卧龙”，而且人缘非常不错，获得当时的文人士子反复推荐，遂引起刘备重视，最后发现诸葛亮确是个人才，遂多次上门请教治国之策，终致相互欣赏，成鱼水之交。

一定程度上，三顾茅庐是真是假并不重要，重要的是，应该看透人性的真假。心理学家威廉·詹姆斯毫不客气地指出：“如果可行，对一个人最残忍的惩罚莫过于：给他自由，让他在社会上逍遥，却又视之如无物，完全不给他丝毫的关注。”如果诸葛亮不出山，一生逍遥于南阳，岂不是对他本人最大也最残忍的惩罚？

地球对人存在巨大的吸引力，但由于习以为常，人们觉如不觉，可一旦要走出地球，巨大的吸引力就像是一只大手，紧抓不放。如果说地球是有形的地球，社会正是无形的地球，也对人存在巨大的牵引，但由于习以为常，人们也觉如不觉，可一旦要脱离社会，巨大的牵引力也像一只大手，紧抓不放，怎么离也离不开。诸葛亮可以躬耕于南阳，可何曾摆脱社会引力呢？

动物也玩注目礼

亚里士多德曾指出：“不能在社会中生活的个体，或者因为自我满足而无须参与社会生活的个体，不是野兽，就是神。”野兽就能够真正摆脱社会引力吗？美国女记者纳塔莉·安吉尔在荣获普利策奖的《野兽之美——生命本质的重新审视》中有一段记述：如果一只雄性家燕发现自己的妻室正在对邻居暗送秋波，甚或投怀送抱、交臂叠股，雄燕会采取报复行动，置自己的后嗣于不顾。也正是这个原因，大部分苟且偷欢之事多半心急火燎……

不只是性的嫉妒，动物之间的关系也是十分复杂的。研究高等群居性动物的专家们发现，猕猴、狒狒、海豚、抹香鲸、大象和狼，都十分热衷于类似人类“政治活动”的复杂活动。美国麻省州立大学的动物学家理查德·康纳表示，雄性海豚中存在层次分明的好友及同盟，并且它们通过一系列无比协调的游泳动作如转弯、腾跃和翻滚来彰显彼此间的联盟关系。

更有趣的是，芝加哥大学的灵长类动物学家达里奥·马埃斯特里皮耶里发现，恒河猕猴与人类有着惊人的相似：“人类面临的最大麻烦是其他人制造的，猕猴也同样如此。无论你把它们放在何处，它们最主要的问题也总是和其他猕猴相关。”以至于马埃斯特里皮耶里干脆将自己研究恒河猕猴的专著称为《猕猴的马基雅维利式智谋》，并不无感慨地写道：“人类争斗并非为食物、空间或者资源，他们是为权力而斗。有了权力与地位，就能控制所要的一切。猴子也是如此。”

注目礼是关于“我”在群中是谁的问题，不管“我”是人的“我”，还是动物的“我”；不管群是人的群，还是动物的群，一个个的“我”要形成群，注目礼就不可或缺，因为注目礼就是“我”在群中观照“我”自己的镜子！

“神仙”是如何炒作注目礼的

按“制度经济学之父”凡勃伦的看法，对“歧视性对比”的追求出自人的本能，所谓“the instinct of workmanship”，有译为“作业的本能”，实际上，译为“社会本能”或“群的本能”更妥。既然属于本能，问世间，谁人无之？

古希腊一位叫恩培多克勒的哲人，大白天提着灯笼到处走，“我在寻找一个有智慧的人！”可这并非不要注目礼，区别只在于：恩培多克勒渴望更加崇高的注目礼，不屑一顾的只是一般的承认。这方面的典型可能要算耶稣，一直到十字架上临终，都以作为上帝的独生子为荣，全然不顾四围的寒气。

在亚里士多德看来，神是能够超越注目礼或者说社会引力的。可神真的存在吗？且看一代名臣曾国藩吧，或许没有系统地“立言”，但“立功”卓越，尤其“立德”功夫深厚，谆谆以“主静”教人，应该当得上希圣希贤。咸丰七年，曾国藩因为替湘军争权，被朝廷撤销兵部侍郎之职，并开缺回家，到第二次出山，时间共一年零三个月。应该说，这是一段大好的静修时光，一者乡下世外桃源地，一者无官一身轻。

遗憾的是，这一段时光，曾圣贤觉都睡不好，如热锅上的蚂蚁。不只是大权旁落，更因为别的人一个个步步高升。《湘军志》有载：“时国藩久谢事，无旧军，诸名将后出”，“而杨载福已升提督，官品高于国藩，由是负沉滞重望，亦郁郁不自得，更欲以和辑收众心，颇悔前者所为”——瞧，社会引力把曾国藩抓得牢牢的！

老实说吧，“我”可以受苦受难受冤，甚至慷慨受死，像汪精卫当年那样“引刀成一快，不负少年头”，但受不了没有注目礼的日子。别人注目礼一大堆，自己“猫猫无闻”，谁都受不了，谁都“猫”不住，曾国藩猫不住，任何人都猫不住——即便是“神仙”。

严子陵算得上是位“神仙”，毛泽东有句诗叫“观鱼胜过富春江”，说的就是“严神仙”。他生活在西汉与东汉的过渡期，少年时代与汉光武帝刘秀同学。刘秀做上光武帝后，别的同学不想，独念严子陵，派人到处查访。严子陵深知刘秀不简单，天下已是他的，不再作分外想，就反披羊裘，在富春江钓鱼玩。老同学终于还是见了面，并且也如少年时代一样，宫里面同榻而眠。据称严子陵还故意装睡相不好，把脚搁到光武帝的肚子上。刘秀最后没有强迫他做官，让他自个儿优哉游哉去。

后世一位上京考功名——实质就是考注目礼——的秀才，路过“严神仙”的钓台，有感而发，题了一首诗：“君为名利隐，我为名利来。羞见先生面，夜半过钓台。”真的把严子陵当神仙了。

另一位上京考注目礼的秀才就不客气，也有感而发题诗一首：“一着羊裘不蔽身，虚名传诵到如今。当时若着蓑衣去，烟水茫茫何处寻。”大意是说，严子陵反披羊裘不是真正在钓鱼，而是沽名钓誉，等光武帝来找他，从而一举成名。如果真想逃名避世，着一般渔人所穿的蓑衣斗笠，不更好吗？

“神仙”还为注目礼搞自我炒作，何况“我”乎！如果再有人与“我”背道而驰，搞行为艺术，退出社会，“我”现在就可以通报其去向：不是退到终南山，就是退到富春江，再不就是退到老家，正“自比管仲、乐毅”呢！

“皇帝是历史的最大奴隶”

历史上，真有一种人最有资本摆脱社会引力，这就是皇帝。作为最高权力者，皇帝能不以任何一个人的注目礼为转移，随心所欲。但从历史看，皇帝在注目礼上也不潇洒，电视剧《汉武大帝》中有歌唱得好：“千百年后谁又会记得谁！”皇帝不得不在乎历史的评价。

唐太宗李世民多被誉为一代明君，但史料显示，李世民十分担心历史对自己的评价，原因主要是武德九年，他在长安宫城北玄武门杀死太子李建成和齐王李元吉，挟持高祖李渊，史称“玄武门之变”。

李世民后来一直想看《高祖实录》中对自己杀兄挟父的记载，这原本违规，但在他再三的坚持下，史官让他瞧了原文，有些闪烁其词，似乎欲盖弥彰。据称李世民当时还故作轻松地表示，要坚持正确的立场，并自比周公，大义灭亲。

有分析说，正是对历史的恐惧，唐太宗才力行仁政，意在将功补过。这可能有些牵强，但列夫·托尔斯泰在《战争与和平》中的一句话确实说得不错：“皇帝是历史的最大奴隶。”据称孟德斯鸠也说过：荣誉如同君王，统治着人民，也统治着皇帝。慈善事业的开创人安德鲁·卡耐基也说过一句意思类似的话：“一个人可以写在史页上的最高头衔就是他自己的名字。”

第三章

拳头让“我”无人注目

暴力无效用

“人”字为何一撇一捺

汉字的“人”字就两笔，一撇一捺。有解释说，一撇是“我”，一捺是别人，互相撞着，构成完全的人。这似乎不是牵强附会，通过第一章与第二章的论证，已得到对人性的新描述——“注目礼人”，可分为两点：

逻辑原子：“我”是围绕“我”的一种圆运动；

公设：“我”这一圆运动的圆心是别人对“我”的注目礼。

所谓逻辑原子，借用的是伯兰特·罗素的术语，就像原子是化学反应中的最小粒子，逻辑原子即逻辑上不能再怀疑、不可再分解的最小命题。意在强调人性自利这一点不能再怀疑，不可再分解，是一切命题中最基本的。

所谓公设，借用的是欧几里得几何的术语，就是假设的意思，一切科学必须从假设开始，没有哪个科学是彻头彻尾证明了的。意在强调人性自利的具体内容是注目礼，这一点属于假设，不能证明，但非任意的，符合生活的常识，只要扪心自问，每个人都能毫无疑问体认到注目礼。

那注目礼人意味着什么呢？话说老赵与小范演小品：又是过年了，丈母娘家买了一头驴和一头猪。老赵问：“是先杀驴还是先杀猪？”小范答：“先杀驴！”老赵回：“恭喜你，猪也是这么想的。”小范连忙改答：“先杀猪！”老赵再恭喜：“驴也是这么想的。”

正好比老赵对小范的两头堵，“我”是注目礼人，需要别人向“我”注目致礼，可别人也不是“孙子”，一样是“我”，也是“我”这样想的，于是乎，针尖对麦芒，“我”争，别人夺，注目礼争夺战不可避免。

矛盾是事物发展的动力，这不只是黑格尔哲学的基本观点，恐怕也是任何哲学流派都难以否认的。可矛盾从哪里来的呢？按黑格尔的看法，一切事物都是对立面的统一，存在着既相互排斥又相互依存的关系。如果说这不是偷换概念或同义反复的话，那就必须进一步回答：为什么事物会同时存在既相互排斥又相互依存的关系？

别的矛盾不敢妄加推测，但至少就注目礼争夺战而言，其来源一清二楚：注目礼人！秃头上的虱子——明摆着，注目礼人包含着矛盾，“我”是围绕“我”的一种圆运动，就是说，一切人都首先为自己转。“我”这一圆运动的圆心是别人对“我”的注目礼，就是说，一切人都必须替别人想，因为注目礼在别人那里，别人向不向“我”注目，对不对“我”致礼，由别人决定，所以“我”必须替别人想。注目礼人就是这样一个为自己转和替别人想的对立统一。

稍有生活经历的人，对人性的对立统一应该都颇有体会。最明显的就是：尽管“我”是围绕“我”的圆运动，每个人都在自利，甚至还越境自私；但实际上，每个人也同时在努力做“君子”，甚至可说有股“君子瘾”。

有些朋友，特别是那些性情直率的朋友，可能立即要表示不屑：“什么啊，我整日里想的都是‘吃穿’二字，甚至是吃喝玩乐，做什么‘君子’？打死也没想过！”但如果换个表述说：“我们很少有人按自己的天性在生活！”绝大多数朋友或许会表示赞同。更甚者说：“我们每个人都在乎别人的眼光、看法和评价！”绝大多数朋友可能都要表示赞赏。

不只是赞同，相当一部分朋友甚至要现身说法，格式大致是：“你别看我现在怎么怎么样，都是人家逼的，没办法啊，家人、朋友、亲戚、同学、同事、邻居，大伙儿都在看着我呀！要是按我自己的本性，我才不这样子呢！”瞧，为做君子，都不惜牺牲自我了，不明摆着有君子瘾吗？

电视剧《恰同学少年》中有个刘俊卿，他不在乎广大同学和老师的鄙视，充当军警搜捕校长孔昭绶的走狗。但刘俊卿并非不顾忌别人的眼光、看法和评价，恰恰相反，他之所以不在乎广大同学和老师的鄙视，正因为他特别在乎另一些人的眼光、看法和评价，这包括他的师长纪墨鸿，尤其他心爱的姑娘赵一贞。从这一点看，无耻的刘俊卿也非常知耻，亦十分君子，这正是他一时能够获取赵一贞芳心的原因。

“我”是一种双核圆运动，既围绕“我”自己转，同时也围绕别人转。用中国哲学的话语来讲，注目礼人就是“人性太极”，你中有我，我中有你，你我一体，互相旋转；就像“太极”阴中有阳，阳中有阴，阴阳一体，互相旋转。

旋转是很可把玩的。略举一例：孩子他妈对孩子说：“圆圆，妙妙是个坏孩子，我不愿意看到你跟他一起玩！”“那我是好孩子吗？妈！”“当然，你是妈的好孩子！”“那妙妙应该跟我玩！”孩子他妈哑口无言。

自利与利他矛盾吗

众所周知，经济学之父亚当·斯密有两部重要著作：《道德情操论》和《国富论》，后者强调人性自利，前者突出人性利他，“大水猛冲龙王庙”，以至于闹成公案，史称“斯密问题”。

有人认为斯密问题子虚乌有，《国富论》和《道德情操论》一脉相承，都是从利己出发。这有一定的道理，因为《道德情操论》的确也秉持人性自利的核心观点。但也存在与事实不合的地方，那就是《道德情操论》的确高谈阔论利他主义，即所谓的“同情”。在这里，斯密开门见山就写道：“无论人们会认为某人怎样自私，这个人的天赋中总是明显地存在着这样一些本性，这些本性使他关心别人的命运，把别人的幸福看成自己的事情，虽然他除了看到别人幸福而感到高兴以外，一无所得。”

证据表明，斯密没有化解人性自利与利他的矛盾，《道德情操论》明确写道：“这种自相矛盾似乎扎根于不变的人性原则之中。”值得注意的是，所谓“道德情操”的说法，所表达的意思就是利己的人所具有的作出判断以克制私利的能力。斯密也强调过《道德情操论》与《国富论》的互补关系，这些似乎都表明斯密内心的迷惑。

但实际上，人性自利与利他一点儿也不矛盾，恰恰相反，十分圆，极其融。因为“我”所自利的不是别的什么，而正是别人的注目礼，所以“我”不得不时时处处也想着别人，因为注不注目是由别人决定的，致不致礼更是由别人决定的，注目礼的一切都是别人决定的，如果“我”不能首先满足别人，注目礼何来？就这么简单，就这样搞定！《国富论》和《道德情操论》的“精神分裂症”治矣！

不如第二次打倒别人

“我”要别人注目致礼，别人要“我”注目致礼，怎么办？愣着干啥，五指收拢，握成一拳，大打出手，打倒在地，再踏上一只脚，喝道：“小样，你服不服？不服‘我’再加把劲！”

这就是以力服人，可能是获得注目礼最简单的办法，直指人身，三下五除二。如果力量上确胜人一筹，“我”更容易产生以力服人的偏好。典型的可能要算楚霸王项羽，楚汉相争中，看到自己力拔山兮气盖世，曾提出与刘邦单挑。

以力服人虽然直截了当，但是不是就能够获得别人的注目礼呢？对不起！注目礼争夺战不是打擂台，一开始就大打出手，不但不能够获得别人的注目礼，而且要把“我”的注目礼给出卖，甚至连小命一条都赔掉，不可不慎。

如果大打出手把别人打死了，别人的眼睛从此向阎罗王注目致礼，根本不理睬“我”，即便别人死不瞑目，也只剩余光瞟着，“我”何注目礼之有！说白了，即便大打出手，也不能把别人一下子打死。因为别人乃注目礼出品人，对“我”的注目致礼来自且只来自于别人。所以，万万不能把别人往死里打，这是注目礼争夺战第一条最最基本的原则，“我”必须严格遵守！

严重的问题还在于，如果大打出手把别人打死了，“我”是活着，还是死去？这是一个问题，而且成了当务之急！没有别人的注目礼，即便“我”还活着，意义何在？常言道：“好死不如赖活着。”可这也得以别人活着为前提，如果别人一命呜呼，根本不再有注目礼的玩意儿，“我”赖什么赖！

以上都是可能的情况。另一方面，“我”也没胆量动不动大打出手。道理很简单，“我”是“我”，别人也不是孙子，也是“我”，既然“我”对别人大打出手，别人不也可以对“我”大打出手吗？难道别人就没有手不成！毫无疑问，当“我”准备对别人大打出手时，死亡的阴影就已经笼罩“我”。“我”当然是恐惧死亡的，人之常情嘛！鲁迅先生说得好：“一个活人，当然是总想活下去的，就是真正老牌的奴隶，也还在打熬着要活下去。”

河北巨贪李真得知被判死刑后，极其恐惧，曾在记者面前放声大哭：“后悔死了！”“我宁愿下半生到煤窑做苦力，也不想死。”“我并不想死呀！”并讲到自己目睹过的死刑场面：一个“黑恶”头目，被绑押刑场时，头挺得笔直，一副无所谓的样子。法警枪响后，没想到子弹只掀开脑壳，还没死，往回一看，几乎是撕心裂肺地迸出一句：“饶我一命吧！”

退一万步讲，即便冒着死亡危险，把别人打倒在地，别人就一定向“我”注目致礼吗？别人正趴在地上哼哼叽叽，好汉不吃眼前亏，怎么会不竖起大拇指呢？问题在于：这不过是虚与委蛇，而非真正的注目礼。孟夫子早就提醒过：“以力服人者，非心服也，力不赡也。”“我”以力服别人，别人力量暂不如“我”，遂虚情假意向“我”注目致欺骗礼，目的是留住小命一条，“我”奈其何！

更严重的问题还在于，以力服别人，注目礼不仅虚与委蛇，而且还充满复仇的火焰。别人从地上哼哼叽叽爬起后，卧薪尝胆，有朝一日把“我”打倒在地，再踏上一只脚，“我”奈其何！甭说二话没得说，一话也没得说，因为这不过是别人以“我”之道还治“我”之身，谁叫“我”当初以力服人呢！

最令“我”伤心欲绝的是，尽管趴在地上哼哼叽叽的“我”可以煮熟的鸭子还嘴硬，就是不向别人注目致礼。可别人也踌躇满志，因为这是别人在报仇雪恨，“我”的注目礼事实上已不注而注，而且是倾“睛”而尽。

“笑在最后，笑得最好。”实在讲，注目礼争夺战中，如果“我”硬要以力服人，与其先下手为强，第一次打倒别人，不如留个后手，第二次打倒别人，报仇雪恨之注目礼比旗开得胜之注目礼的质量好得多。

当然也可能，暴力与暴力互相抵消，“我”和别人在擂台上同归于尽，留下两具闭上眼睛的僵尸。谁是赢者呢？阎罗王也！“我”和别人都正在向阎罗王注目致礼，阎罗王眯着小眼，笑道：你们俩来得正及时，小鬼们好长一段时间没有甩甩胳膊伸伸腿了。来鬼啦，这两个新来的家伙，不懂得活着的美好，你们给拉下去练练！

区别还是有的：“我”死得轻于鸿毛，甚至死不瞑目；别人死得重于泰山，因为别人对“我”有报仇雪恨之感，是“我”首先对别人大打出手。谁叫“我”动不动大打出手并第一次打倒别人呢？

为什么狗的死活兔子定

大打出手真的一无是处？马克思说得好，理论只有彻底，才能说服人。再退一万步讲，如果别人恰巧体质虚弱，根本不可能卧薪尝胆，更不可能有朝一日把“我”打倒在地，趴在地上哼哼叽叽的别人确实是真心实意注目致礼，“我”何如哉？饥不择食嘛，当初“我”可能踌躇满志，三下五除二，别人就趴在地上向“我”竖起大拇指，嘴中连叫“I”服了“U”，谁不高兴？“我”完全有可能手之、舞之、足之、蹈之。

五分钟热情过后，“我”不屑一顾，即便别人从地上哼哼叽叽爬起，一睛不转地向“我”注目致礼，也不以为然，甚至有一种想呕吐的感觉。咋回事？俗话说得好：“若将容易得，便作等闲看。”对体质虚弱的别人的注目礼喜不自胜，“我”也忒不思进取了吧？

不是没有注目礼，而是体质虚弱的别人的注目礼令“我”作呕，痛苦呀！“人耍人，最有耍”，可体质虚弱的别人有什么好耍的呢？想起诸葛亮同志七擒孟获的故事，何不学他一学？让别人从地上爬起来，“我”再打倒；又爬起来，“我”还打倒；老爬起来，“我”老打倒。

孟获实力不差，诸葛亮同志七擒七纵，是攻心为上，而且最后也确实获得孟获真心实意的注目礼。可别人原本体质虚弱，老爬起来，“我”老打倒，哪有这样的人耍人呢？别浪费“我”时间了！

凭栏问苍天，“我”的注目礼在哪？在注目礼争夺战中取得决定性胜利的“我”，由于别人体质虚弱，“我”在社会上无所事事，空虚无聊。是留在社会，还是离开社会呢？这是一个问题，而且成为当务之急。“我”有可能离开社会，或是自杀，或是富春江钓鱼，甚至访道学仙探求那些神秘而高深的东西。

当然，“我”也可能留在社会，或是拿别人玩游戏，如猫戏老鼠；或是命别人为“我”做奴隶，比方为“我”建造一个“金字塔”或是其他巨型陵寝什么的；甚至“我”还有可能对体质虚弱的别人愤愤不平，哀其不幸，怒其不争，一怒之下，手不留情，别人呜呼哀哉，然后“我”自杀身亡。

总而言之，不管哪一种可能，“我”本质上都是没有意义的。“狡兔死，良狗烹”，人们常以此为狗叫屈，但何尝又不是狗的大好结局呢？据称“二战”时的美国四星上将乔治·巴顿就自愿兔死狗烹，说过一句惊心动魄的话：一个职业军人的适当归宿是在最后一战中被最后一颗子弹击中而干净利索地死去。注目礼争夺战中，如果以力服人，“我”最好不过的命运也就是在取得决定性胜利的时候突然一命呜呼！

拳头究竟打败了谁

别人呢？奇怪的是，别人从地上哼哼叽叽爬起来，尽管在注目礼争夺战中一败涂地，但他却踌躇满志，甚至受宠若惊。“我”扫兴而别人高兴，咋回事？很简单，别人原本体质虚弱，死里逃生，寄“我”篱下，完全求之不得，当然受宠若惊。

天壤之别，“我”在社会上空虚无聊，别人在社会上受宠若惊。根本上讲，这是因为别人还没有获得“我”的注目礼，由于体质虚弱，别人不可能把“我”打倒在地，于是就大有意义存焉，日子过得特别充实，甚至整天盘算着如何对“我”不打而胜，轻松赢得“我”的注目致礼。

那别人如何才能赢得“我”的注目礼呢？如果“我”留在社会，别人也就是通过供“我”游戏或奴役而获得“我”的注目致礼。这当然是自欺欺人，就像有个叫花子，一向郁郁寡欢，一天突然手舞足蹈，广大群众迷惑不解，以为他走火入魔了。有好事者打听个中原委，叫花子一本正经地道：“阔佬与我说话啦！那天我站在阔佬家大门口，阔佬亲口对我说：‘滚出去！’”

总而言之，注目礼争夺战中，以力服人一无是处。如果大打出手把别人打死了，“我”要自杀。如果冒着死亡危险大打出手，或是“我”先把别人打倒在地，别人后把“我”打倒在地，再踏上一只脚；或是“我”和别人同归于尽；或是别人体质虚弱，“我”取得决定性胜利，但结果却是“我”空虚无聊，别人自欺欺人。显而易见，“我”不能以力服别人，受害者不仅是别人，更是“我”和别人的注目礼福利。

很美的电影《卧虎藏龙》中有句很美的话：“握紧拳头，必定一无所有；张开双手，才能拥抱一切。”“我”现在还不知道这后半句是不是对的，但这一回通过以力服人，已知道这前半句无疑是对的，“我”从此不再紧握拳头！

怎么办？没有注目礼，万万不可以，“我”当然不可能就这样退出社会。俗话说，一时成败在于力，千古胜负在于理。既然不能够以力服人，那“我”就以理来服，行不？

人为什么自欺欺人

作家三毛说得好，世界上最公平的美事在于：聪明人洋洋得意，糊涂者也不认为自己差到哪儿去。糊涂者怎么摆平呢？自欺欺人可能算最常用的一招。

美国有个《职业排名年鉴》，20 世纪 90 年代有次排行，网站管理师冠压群雄排在第 1 名，前 9 名都是玩 IT 的。一路瞧下去，看不到总统先生，不是一般的名落孙山，而是落后于洗碗工 16 位，排名第 229 位。

有关消息说，在美国当总统，工作压力大，工资增长慢，广大群众根本不愿意干。的确，美国总统没什么帝王的谱，而实在是美国人的公仆，甚至短裤也会被拿去作 DNA 检测。

如何？请务必放心，下一届再下一届以至于下下一届的美国总统竞选一样地“闹哄哄，你方唱罢我登场”。

由于注目礼是人的本能需要，在注目礼争夺战大局已定的情况下，失败的一方必定要为自己的注目礼本能寻找出口。这就是自欺欺人的必然性，包括精神胜利法在内。

没有任何道理

没什么不会没理

不能以力服人，但如果“我”有理，别人是不是立马就注目致礼呢？退一步讲，要是别人不主动注目致礼，“我”是不是可以以理服之？

不幸的是，以力服人或许还三下五除二，以理服人却远非三七二十一，常常沦为“公说公有理，婆说婆有理”。因为理的判明和测度非常困难，形式上正像两小儿辩日，一个说太阳升起离人近，道理是：“日初出大如车盖，及其日中则如盘盂，此不为远者小而近者大乎？”一个说太阳升起离人远，道理在：“日初出苍苍凉凉，及其日中如探汤，此不为近者热而远者凉乎？”弄得孔夫子也落荒而逃。

像力一样，注目礼争夺战中，理也是不能服人的，“我”不能靠“理”直气壮或“义”正词严来赢得别人的注目礼。实际上，如果理能服人，力又何尝不是一种理呢？把别人打倒在地，说明“我”的力量更伟大，为什么就不算以理服人？

或要问：称力何尝不是理，有点耍赖吧？的确，注目礼争夺战中，如果“我”有理，但别人有力，别人完全可能耍赖，“无理搅三分”嘛，“我”奈其何！如果别人体质特别强，力量又特别大，而“我”恰好骨感十足，即便别人“无理搅七分”，乃至“无理搅个够”，也莫奈其何，谁叫“我”无力反制呢！

但真正要耍赖，论力还不好使，因为力是个硬通货。恰恰相反，论理最好耍赖，因为理是个软东西，可说是世界上最容易找的玩意儿，几乎用不着动脑筋，拍一下脑袋瓜就找着一个，甚至都用不着拍脑袋瓜，才下眉头，即上心头。

拿孩童读书来说，这应是人人都有的体验，如果不喜欢读书，一大堆道理会找上，东也不是，西也不是，春也不是，秋也不是，成千上万个理由，反正不能够读书。有人曾为此总结出一首诗：“春天不是读书天，夏日炎炎好睡眠，秋有寒露冬下雪，一年四季书靠边。”如果喜欢读书，几乎没有任何理由近得了身，就是上厕所，也津津有味地读着书。

诗人北岛有句名诗：“以太阳的名义，黑暗在公开掠夺！”多尔衮不就这么干的吗？就在清军铁骑要入关的时候，他给吴三桂写了一封信，高高地悬起一颗太阳：“予闻流寇攻陷京师，明主惨亡，不胜发指！用是率仁义之师，沉舟破釜，誓不返旋，期必灭贼，出民水火。”瞧，在太阳的照耀下，虎狼之兵成了仁义之师。

既然论理最好耍赖，甚至黑暗可以赖成太阳，注目礼争夺战当然就不能以理服人。很简单，与其让人耍赖，还不如以力服人。至少力还是个硬通货，就公正性两相权衡，以力服人或许比耍赖还好接受一些。

普世价值在哪里

以理服人不好使，是不是因为“我”的理缺乏说服力？如果“我”在理上动一番脑筋，以至于绞尽脑汁，使“我”的理具有最强大的说服力，不就非耍赖了吗？

的确，理可以更完善。这在自然科学上尤其明显，拿物理学来讲，从经典力学到相对论，就是一大进步，相对论能解释的事理远比经典力学广泛。由于研究对象相对稳定，哲学社会科学相对静止，谈不上进步，但不断完善亦不可否认。拿经济学来说，就对市场的论证而言，经济学之父无疑是一座难以逾越的高峰，以至于有学者称，无论今后涌现什么样的经济学大师，都是亚当·斯密的孩子。但事实也明摆着，现代经济学比古典经济学要完善，对市场的论证更加细密。

那是不是可将理完善到不战而屈人之兵、不说而服人之心的境界呢？费尔南多·麦哲伦被认为是欧洲第一位进行环球航行的航海家，在麦哲伦遇难的地方——菲律宾马克坦岛，有一块双面碑，耐人寻味：

> 正面：拉普拉普。1521 年 4 月 27 日，拉普拉普和他的战士们，在这里打退西班牙入侵者，杀死他们的首领——费尔南多·麦哲伦。由此，拉普拉普成为击退欧洲人侵略的第一位菲律宾人。
>
> 背面：费尔南多·麦哲伦。1521 年 4 月 27 日，死于此地。他在与马克坦酋长拉普拉普的战士们交战中受伤死亡。麦哲伦船队的“维多利亚”号，在埃尔卡诺的指挥下，于 1521 年 5 月 1 日升帆驶离宿务港，并于 1522 年 9 月 6 日返抵西班牙港口停泊，第一次环球航行完成。

“我”捧“我”的英雄，别人吹别人的好汉，针尖对麦芒！马克坦岛纪念碑向世人昭示：不存在把“我”和别人统一在一块的客观真理，“我”再怎么在理上动脑筋，也弄不到真正服人之心的理。用马克思的话讲，任何的理都具有“阶级性”，不存在纯粹的客观真理。

那所谓的普遍性真理是怎么回事呢？事情是这样的，每一个企图代替旧统治阶级的地位的新阶级，为了达到自己的目的就不得不把自己的利益说成是社会全体成员的共同利益，抽象地讲，就是赋予自己的思想以普遍性的形式，把它们描绘成唯一合理的、有普遍意义的思想。即是说，普遍性真理都是描绘出来的，说白了，就像广告，都把自己代言的商品说成男女不限，老少咸宜，全世界最好。

在西方的力推下，当今对普世价值的喧嚣，堪称对马克思论断的最好注解。自由和民主的确是好东西，但强加于人，甚至以武力强加，岂不走到了自由和民主的对立面？塞缪尔·亨廷顿坦率承认："西方赢得世界不是通过思想、价值或宗教的优越，而是通过运用有组织的暴力。"手段与目标完全冲突，单就这一点而论，西方力推普世价值，大可厥疑，极其可能正是：以太阳的名义，黑暗在公开掠夺！前美国联邦储备委员会主席格林斯潘先生退休后表示，布什政府之所以发动伊拉克战争，目的在于石油。难道不发人深省吗？

同一个世界，同一个道理

"人同此心，心同此理"，真理为什么就不能统一呢？"同一个世界，同一个梦想"，价值为什么就不能普世呢？鸡之所以不能同鸭讲，乃因为鸡与鸭原本两回事，可人四海之内皆兄弟，有什么不能讲的呢？

与世界其他地方大打大闹宗教战争大异其趣的是，中华历史上，儒、释、道三教一直和谐共处，甚至合一并存。天下名山僧占多，这的确是事实，但绝非一僧独占，儒与道往往有福同享。不要说一座山，就是一个大庙，也有儒、释、道三分共享的。比如南岳大庙，左有佛堂，右有道观，正殿为儒家风格建筑。甚至一个小殿，也是儒、释、道三分共享。在北岳恒山悬空寺，最高的殿阁就是三教殿，同时供奉着释迦牟尼、老子和孔子的圣像。

在中岳嵩山少林寺，有一座混元三教九流碑，图面是释迦牟尼、孔子和老子的三圣圆融一体像，赞语最后点睛曰："三教一体，九流一源，百家一理，万法一统。"另有三皇洞，内祀释迦牟尼、老子和孔子，门上大书："才分天地人总属一理，教有儒释道终归一途。"与马克坦岛纪念碑大异其趣！

理首先是力

马克思并没有从根本上否认普遍性真理，对自然科学的理，马克思承认客观性和普遍性，不会认为存在什么某一阶级的自然科学，像苏联的李森科那样，把孟德尔—摩尔根遗传学说成是“资产阶级的”。

应该把阶级性真理论往前再推一大步，彻底地讲，无论哲学社会科学，还是自然科学，都不存在客观真理！这绝非所谓“真理跨过一步”，而是有根有据，而且脚踏实地，由“哥德尔定理”逻辑地推出。

所谓“哥德尔定理”，堪称西方逻辑学最重要的定律，由奥地利数理逻辑学家库尔特·哥德尔在1931年完成，之前由数学家兼哲学家伯兰特·罗素1902年提出的“集合论悖论”奠定基础。长话短说，先感受一下理发师的尴尬：

> 有位男理发师，擅刮胡子，细致利索，门庭若市，但并非所有男士都能做他的“上帝”，他给且只给不为自己刮胡子的男士刮胡子。这并非他有意识扩大生意，搞一揽子包刮，而是他无意识的癖好。“萝卜白菜，各有所爱”，每个人都有自己的癖好嘛！有趣的是，古怪的事儿发生了，理发师为不为自己刮胡子呢？如果为自己刮胡子，那他就不能为自己刮胡子，因为他只给不为自己刮胡子的男士刮胡子；如果不为自己刮胡子，那他就能为自己刮胡子，因为他给不为自己刮胡子的男士刮胡子——左右为难，理发师对自己的胡子无可奈何。

之所以对自己的胡子陷入无可奈何的处境，即因为理发师对“上帝”的要求——给且只给不为自己刮胡子的男士刮胡子——在逻辑上涉及自身。类似的尴尬一点儿也不奇怪，这是任何一种理论都不可避免的，因为理论都不得不使用和依赖假设，没有哪一种理论是彻头彻尾证明了的——这就是哥德尔定理所强调的。

实际上，这只是一个常识，万丈高楼平地起，理论怎么可能没有基础呢？“欧氏几何”是史上第一个形式知识体系，洋洋洒洒467个定理，但没有最前边的5个公设、5个公理和23个概念作基础，467个定理从何而来？但最前边的5个公设、5个公理和23个概念都不能证明，它们能证明467个定理，但无法证明它们自身，其可信性是人为赋予的。

哥德尔定理岂不是说：以理服人也是以力服人，理的实质就是力？没错！美国西点军校有一重要诫命：“没有任何借口！”强调凡事主观能动，一切自己负责。“我”要说的是，没有任何道理。彻底、完全、干净、毫不犹豫地把以理服人的想法扔进垃圾箱吧！

现实中，以理服人与以力服人不会存在明确的分界线，一旦以理服人不能奏效，往往就发展为以理压人，甚至直接地以力服人。由于好心没办成好事，哀其不幸，怒其不争，由以理服人“进化”而来的以力服人，有可能更加暴力。

既不能以力服人，也不能以理服人，注目礼争夺战怎么往下打呢？

第四章

别人比“我”了不起

非暴力主义

“千穿万穿，马屁不穿”

不能以力服人，使“我”手足无措；也不能以理服人，使“我”无所措脑袋，“我”已动弹不得，注目礼争夺战还打不打？

老百姓有两句口头禅，一句叫“怕软不怕硬”，另一句叫“软刀子割人不觉痛”。“我”何不从软的方面下手呢？想一想肉是怎么从乌鸦的嘴里乖乖掉到狐狸口中的吧，原本已有前车之鉴，乌鸦前不久被狐狸戏弄过一回，可当狐狸又一次肉麻地给它戴上“森林歌后”的高帽时，乌鸦又禁不住再覆后车。

有人嘲笑“成功学之父”戴尔·卡耐基不干别的，就是教人溜须拍马。的确，卡耐基不是教人“真诚地赞赏他人”，就是教人“给别人留面子”，再不就是学点“牢记他人的名字”之类，反正都这一类货色，说是教人溜须拍马，未尝不可。但问题不在于卡耐基教人溜须拍马，而是“我”的马屁股确实需要拍。之所以步入社会，与人打交道，目的就是透过注目礼看到自己，溜须拍马是送注目礼上门，有什么不好？市场大着呢！

梁山泊一百零八条好汉，个个身怀绝技，不是拳头好厉害，就是腿脚特灵便。宋江并没什么身手，据说只杀了个女人，样子也不文不武，像猥琐小吏，但却当上老大，位列一百零八条好汉之首。宋老大凭什么？金圣叹一针见血：“宋江一生，以携手为第一要务。”南无阿弥陀佛，宋老大玩携手绝对高帽子随时出手，“我”敢断言，他的高帽子不少于一百零七顶。

有部电影叫《求求你，表扬我》，根据福建作家北北的小说改编：一家住农村的打工仔，因父亲当了一辈子劳模，期待自己也能受一次表扬。想起几个月前救过一位险被强奸的女大学生，于是三番五次上报社要求表彰。一记者半信半疑地进行调查，正要水落石出时，女大学生出来阻止。面对女孩一生的清誉和农民儿子一辈子的心愿，记者不知该如何取舍。

“求求你，表扬我”——这名字太棒了！“我”要在此郑重申明，人可以吝啬钱财，但绝不应该吝啬赞美，这个世界有太多的人处于严重的注目礼贫困状态，渴望在睡觉前得到一句肯定和鼓励。

无独有偶，作家杨静龙写有一短信小说，叫《永远的小孙》。说的是一位姓孙的员工到龄退休，机关举办欢送会，领导高度评价他的工作，一脸关怀地问："小孙，退休后有什么要求，尽管提出来。"他欲言又止，嗫嚅着说："我有一个请求。"领导笑道："说吧。"他鼓起勇气，说："领导能否叫我一声'老孙'！"

马加爵为什么无情残杀自己的大学同学？原因正在于缺乏肯定和称赞，他后来曾向警方承认："我觉得我太失败了，他们都看不起我，别人都在嘲笑我。"要是周围的人当初对马加爵多一些"吹吹拍拍"，或不至酿就惨剧。

要是人人都像亚伯拉罕·林肯那样，人世一定更美好。这位被誉为美国历史上最伟大的总统，信奉一句话："每个人都喜欢被称赞。"要是人人也像本杰明·富兰克林一样，人世也一定更美好，这位被誉为美国历史上最有影响力的伟人，声称"不说任何人的坏话"。毋庸置疑，林肯和富兰克林要是寻见谁的马屁股，绝对不会放过。

赞美如何不是"拍马屁"

别人既不能力服，也不能理服，因为别人实际上也是"我"，根本不能服。该怎么超越呢？孟夫子一句话点破，"以养服人"，曰："以善服人者，未有能服人者也。以善养人，然后能服天下。"意思是说，别人是不能服的，即便"我"是正确的、正义的、善意的，甚至神圣的，也只有用一片好心去滋养别人，才能够渐入佳境，获得别人注目致礼，进而治国平天下。

西方经济学有个概念，叫"帕累托改进"，简单地说，就是一种行为改变，没有输家，而至少有一部分人能赢。如果一种行为剥夺一部分人的既得利益，不管是不是带来更大的整体利益，都不是帕累托改进。所谓以养服人，即注目礼争夺战中的帕累托改进。

戴高帽、耍软刀、吹吹拍拍，都可归于养的范畴，但还不是真正的以养服人。孟夫子是旗帜鲜明主张以养服人的第一人，但也没有详细阐明养的内涵，就一句"以善养人，然后能服天下"，既画龙，又点睛，全包括在内了。

倒是朱熹后来作了两个注解，其一："服人者，欲以取胜于人。养人者，欲其同归于善。"其二："养，谓涵育薰陶，俟其自化也。"很明显，朱熹认为"养"有两要点：首先，有一个善，没有这一个善，就谈不上养；其次，对被养者有耐心，不急于求成。

注目礼争夺战中怎么养呢？后文将逐步展开，这里简单提一下以养服人的三要点：第一，养不是无偿的，养别人并不是放弃对别人的注目礼的追求，“我”仍然是一个自利的人；第二，养是非暴力的，“我”养别人意味着不再对别人暴力征服，而是帕累托改进；第三，养意味着“我”有一个能养住别人的东西，不管这东西是好是坏，是对是错，是善是恶，抑或什么都不是，但必须能养住别人。

关键应该在第三点，要是没一个能养别人的东西，谈什么以养服人？也就像赞美别人，如果是根本不能说出别人可赞美的地方究竟在哪，不是拍马屁，是什么？

有个女老师，叫温柔，名副其实，做人做事都非常柔婉，尤其对她所教的孩子们。对调皮捣蛋的问题男孩，一般老师都敬而远之，但温柔的调养常常能令小鬼们“浪子回头”。就因为她的一次调养，一个叫刚毅的男孩的“健忘症”不治而愈。

那是温柔第一次去刚毅的班里上课，发现坐在教室左边第一排靠墙的男孩课桌上根本没有书。她已从班主任口中得知他叫刚毅，走过去俯身问道：“你叫什么名字？”

男生答道：“我叫刚毅。”

温柔又问：“哪两个字？”

男生答道：“刚强的刚，毅力的毅。”

温柔笑道：“你的名字真棒，怎么没有课本呢？”

男生回答：“我忘带了！”

同学们哄堂大笑，一些男生甚至站起来说：“老师，别理他，他有健忘症！”“温老师，他没记性，有一次他甚至忘了带脑袋。”

温柔喝住同学们的说笑，慈祥地望了望刚毅，没再说什么。

第二天，温柔照样来上课，第一眼就发现刚毅的桌上仍空空如也。她没有任何异常，平静地宣布“上课”，同学们喊“老师好”，她回答说“同学们好”。

要讲课了，温柔突然发现自己没带教案，摊开双手，有点不知所措：“同学们，真抱歉，老师也没记性，今天忘带教案了，它一定正躺在办公桌上睡大觉呢！”

“谁帮我到办公室把教案给拿过来，别让它再睡懒觉？”温柔紧接着又说。这时候，她已走到刚毅的桌边：“刚毅同学，老师请你办这桩事，好吗?”

刚毅正为老师风趣的话在笑，受宠若惊，高兴地跑出教室，又高兴地跑回教室，完成了老师交给的光荣任务。温柔接过刚毅递上来的教案，握住他的小手，对大家说：“同学们，一个人如果经常马马虎虎，丢三落四，多么误事啊！从今天开始，我和刚毅还有你们大家，一起相约，消灭马虎，从不健忘。好不好?”同学们齐答：“好!”

从此以后，刚毅再也没有忘记带课本上学。

这就是典型的养：不是无偿的，温柔是要改变刚毅，去除他不带书本上课的坏习惯；非暴力的，温柔没有批评刚毅，更没有指责和呵斥，而是满含同情和关爱，通过故意忘记带教案，然后请求刚毅的帮助，最后巧妙地春风化雨；有一个养人的东西，刚毅老不带课本并非真的健忘，只是一个坏毛病而已，完全能改过自新，这正是温柔以养服人的根据。要是没有这一点，就流于阴谋诡计，变成欺骗，最后也不会真正奏效。

养虎遗患

留一手是咋回事

注目礼争夺战不是“我”和别人的一场恶斗吗?对不起!一开始斗就开始养，万万不能够把别人往死里打，不就已经是养了吗?如果不养着打，把别人打死了，“我”到哪寻注目礼去?

不养别人不行，非养别人不可。因为注目礼的有无、真假和优劣都是由别人决定的，注目礼的一切都是由别人决定的，原本是别人在注目致礼，别人是“我”的注目礼出品人，焉能不养?

有以力服人，相应有以力养人。就像以力服人一样，以力养人也直截了当。别人原本体质虚弱，那就让别人吃得好又饱，充其量再提醒别人“左三圈，右三圈，脖子扭扭，屁股扭扭”，别弄成富贵病了。

功夫不负有心人，别人养大了，身体健康且强壮，令“我”刮目相看。可这不是养虎咬“我”吗?虽然把健康且强壮的别人打倒在地，注目礼确实优得多，但要是别人反把“我”打倒在地，再踏上一只脚，“我”奈其何！

猫和老虎原本是好朋友，整天儿一起玩耍，形影不离。那时候，老虎虽身体庞大，但笨手笨脚，哪是什么“百兽之王”？十足的“二百五”！狐狸压根儿不认识它。猫尽管身体薄弱，但知道的技巧又好又多，一身硬功夫。在森林王国动物界各色各样的集会上，狐狸时不时都要竖起大拇指，把猫夸一夸。

老虎决定拜猫为师，从执朋友礼改为执弟子礼，把猫高兴得合不拢嘴——弟子礼哪是一般的注目礼可媲美的呀！或许因为猫师傅得意忘形，也可能是猫师傅看在虎弟子与自己面相如出一辙上，对老虎教尽浑身解数，一身好功夫倾囊相授。

谁料知虎知面不知心，在自以为大功学成时，虎弟子一个纵身，向猫师傅扑过去。幸运的是，因为时候未到，猫师傅还有唯一的一招没教给弟子，这就是攀爬之术。看到老虎猛地扑过来，猫纵身一跃，爬上大树。老虎在下面大发虎威，又是跳又是啸又是扫的，折腾好一阵子，但无可奈何。

猫就这样虎口余生，但从此不与老虎往来。

“我”是不是也对别人留一手呢？反正猫师傅的教训被军火商们吸取了。美国和俄罗斯是当今世界军事力量最强大的两个国家，也是出口军火最多的两个国家，但它们并非有什么就卖什么，都得留一手。拿战斗机来说，美国和俄罗斯都不会出口最先进的，即便同一种机型，也不会向别的国家卖最好的，而是专门生产出口版。而且即便是出口版，对不同的购买国，也有远近亲疏之别。比方说，中国和印度都从俄罗斯进口先进战斗机，但据传，中国买到的性能就不如印度的先进。

以力养人的经济账

“我”当然会留一手，毕竟这是注目礼争夺战。一方面，尽管以力养大别人，但有控制地养，保证不让别人在体质上特别是体力上超过“我”。如此这般，即便别人被养得健康又强壮，也不敢对“我”轻举妄动。

另一方面，“我”原本健康又强壮，由于信息不对称，别人虽然今胜于昔，但并不知道自己的体质尤其体力是否超过“我”，从而决定别人不敢轻举妄动。

因为别人清楚地知道：要是再次被打倒，“我”绝不会手下留情。

如果别人养大之后胆敢对“我”轻举妄动，完全存在这样的可能：“我”乘胜追击，把别人往死里打。因为健康且强壮的别人已对“我”构成严重威胁，力量上是如此，道义上更是如此。即便“我”再一次以力养人，也绝无可能选择这样不讲道义的人。

当然，“我”也不会对别人贸然出手，虽然以力养大别人，目的就是获得优一些的注目礼。但同样由于信息不对称，“我”也不知道自己有多大的胜算，能否把已经健康且强壮的别人再次打倒。更何况“我”曾经沧海，一度把别人打倒在地，享受过别人注目致礼。就这样，“我”和别人处于冷战或冷和的状态，“我”挥挥拳头，别人努努膀子。

妙乎哉，信息不对称也！如果“我”力量显强，企图以力服别人，信息不对称使“我”不敢贸然出手；如果“我”力量显弱，信息不对称使“我”能佯装强大，发挥出种种“阴谋诡计”，令别人不敢贸然出手，甚至主动放弃暴力，或是让别人在暴力征服中自己消耗自己。

当然也存在这样的可能：一方面，别人为感谢“我”以力养大之恩，既不搞热战，也不搞冷战，至少表面上心甘情愿低“我”一等，小鸟依“我”。这完全可能，因为别人可把“我”的以力养大当做“我”的注目致礼。

另一方面，别人心甘情愿低“我”一等，“我”当然求之不得，更何况大打出手原本就冒着死亡危险。这不正是“我”与别人和平共处吗？某种意义上，注目礼争夺战已达均衡，“我”获得了别人的注目礼，别人也获得了“我”的大拇指。

以力养大虽可以实现“我”与别人的和平共处，但更应该从心灵上下工夫，着重于以理养大别人。是不是因为以力养大直接对“我”的大拇指构成威胁呢？虎弟子的确翻脸不认师，冷和或冷战的状态也确实不稳定，但这一些还不是“我”最担心的，更重要的是现实中的注目礼争夺战往往多一个参与人，这就是第三者（详见第六、第七章）！

“坐山观虎斗”是三十六计之一，出自《战国策》：为争吃一个人，两只老虎动起粗来，正不可开交。一人拿起长矛就要刺，另一个人连忙止住他，说：老虎凶猛，人正好比香饽饽。现两虎争斗，力量小的必定死，力量强的也肯定伤。咱们等老虎死的死、伤的伤后再下手，一举两得，如何？不论是直接以力服别人，还是以力养大别人，一旦“我”对别人大打出手，第三者都有可能下山摘桃——把一“力”字从注目礼争夺战中斩草除根吧！

威胁为什么能战

信息不对称给以力服人的一方戴上难以卸载的紧箍咒，这就是“威胁”！鲁迅先生讲，辱骂和恐吓绝不是战斗。差矣，辱骂或不是战争，恐吓绝对是战斗，是充分利用信息不对称的高明战斗，可称为“威胁战”。

电影《教父》中有句有名的台词：“最好的威胁是不采取行动，一旦采取行动而没有收到效果，人们就不再害怕威胁。”信哉！原本，信息不对称乃威胁之母。有分析称，美国之所以在日本长崎投第二颗原子弹，原因正在于没有拿捏好威胁。这应该有一定道理，真正的威胁是不采取行动，玩神秘。

最著名的威胁战，恐怕要算美国和苏联之间近半个世纪的“冷战”，虽然也有真枪实炮，但“冷战”主要还是在威胁中进行。形式多种多样，包括军事演习、盛大阅兵、宣布新武器，当然也有外交声明。比如1965年苏联为纪念“十月革命”，莫斯科举行盛大阅兵，各式导弹粉墨登场，目的就是警告美国不要胡来。

甚至有证据显示，苏联最后就是被威胁搞垮的。1983年3月，美国总统里根发表电视演说，宣称苏联战略核威慑力量已大大超过美国，第一次公开提出太空战略防御计划，即后来所谓的“星球大战”。

苏联强烈反弹，一方面指责美国违反相关协议，另一方面立即付诸行动，大幅增加军费，1985年的国防预算增长率达到12%，远超过1983年的2%，使原本失去平衡的国民经济雪上加霜。

而今导弹防御系统已是事实，但星球大战是真的吗？1999年，美国有关方面爆出惊天秘密：星球大战子虚乌有，美国政府根本没有对该计划进行过可行性研究，也没有投入过一个美分，纯粹是拖垮苏联的精心骗局！

别人是“我”的炼狱

“忽悠”也是理

从历史和现实看，人与人之间的较量不外乎力和理。在宏观层面——最典型的如国家与国家之间，力就是军事，类属于“硬实力”；理就是文化，类属于“软实力”。注目礼争夺战中，“我”养别人也不外乎从力和理着手：以力养人和以理养人。

以力养人简单不过，立竿见影，别三日“我”可能就得刮目相看。但经济账一算，养虎遗患，利人损己。以理养人如何呢？“我”首先得有一个理，这是最基本的。要不然，怎么养别人呢！正好比搞项目融资，先得有一个项目书，然后才能够寻找和说服投资人。

可理从哪来呢？这是哲学上一个重大论题，简单讲，先验论者认为理是天上掉下来的，以柏拉图为代表；经验论者认为理是从地上归纳出来的，以亚里士多德为代表。不管天上掉，还是地下冒，“我”都必须开动大脑，先验论和经验论都无法否认这一点。

一般的动脑筋可能还不行，因为这是要赢得别人优质量注目礼的理，“我”得为理绞尽脑汁。就好比策划项目常常要准备得神经衰弱一样，不是随便可忽悠的，要打动投资人掏腰包，可不是小事，玩笑讲，难度不亚于夺人贞操。

谈到理时，人们常常一本正经。以理养人的理有什么规定？否矣！“我”步入社会，图的是且只是别人注目致礼。这一点决定“我”不可能对理作出任何清规戒律，什么理都行，正理、歪理、莫须有理、子虚乌有理、狐假虎威理、莫名其妙理、闻所未闻理、非想非非想理，全都行，只要能让别人乖乖向“我”注目致礼，好比投资人对项目往往不计东西南北，只要有利可图就成。

即便纯粹的玩意儿，也完全没问题。比如“我”绞尽脑汁，有一天突发奇想，想到这样一种理：在一大张白纸上按规则画好一些方形空格，然后“我”和别人一起在空格中放小石头，“我”放白色的，别人放黑色的，看谁能把谁围住，谁胜谁就赢得注目礼。这行吗？怎么游戏都行！关键是别人乐意一起玩。

就是纯粹的忽悠，也没什么大不了。狐狸撞上老虎，命在旦夕，灵机一动，编出一种理：“我是上天派往森林王国巡查的，权力至高无上，任何动物不得动我分毫，难道你没听说？要不，咱们一块森林里走走，哪个不望我而逃!”老虎信以为真，被狐狸这个理给养住了，避免了一次森林暴力流血事件。只要别人一起玩，就是理。

理就是注目礼的游戏，千姿百态，怎么玩都行；可以说，能避免暴力，就是理。当然，在“我”开动大脑甚至绞尽脑汁寻理觅理时，如果能把一些切身实利与注目礼争夺战结合在一起，将更具杀伤力，别人或许会更感兴趣。就好比一个项目不仅能为投资人带来实利回报，而且还能带来其他一些东西，如知名度什么的，投资人肯定更加跃跃欲试。

比如“我”有一天灵感翩然而至，想到这样一种理：温饱问题费人思量，浪费“我”和别人多少时间和精力，得想想办法。“我”想办法，别人也想办法。谁想的办法能更快更好地为人解决温饱问题，谁就赢得注目礼。

“我”还有可能发明让人超越死亡的理，而且为之建立一套仪式和解释系统。“我”最恐惧的是死亡，别人之心，“我”忖度之，也同样如此。何不从死亡入手发明一种理，并且声称能让人超越死亡呢？宗教或许就是这样一种东西，按一些人类学家的考察，宗教都是从恐惧死亡和超越死亡而来的。也可能，宗教不是这么来的，但为争取群众，最后把自己说成是一种超越死亡的东西。

不管“我”开动大脑发明什么理，切记：不能把理搞得太复杂。一种理必定包含一种注目礼游戏，一种注目礼游戏一定会有一个注目礼载体，没有注目礼载体是不可能的，光比谁不眨眼睛可不行。但注目礼载体应尽量简单，毕竟这是注目礼争夺战，此理应该服从彼礼。如果仪式上花的时间和精力过多，以至于“我”和别人都迷礼逐物——逐注目礼载体之物——就犯了偏题甚至离题的错误。

为什么骑士与圣徒同样受宠

正因为理是注目礼的游戏，所以理无定理。每个时代有每个时代的理，每个地方有每个地方的理，每个民族有每个民族的理。同一种理，如果时代、地方和族群任一有变，都可能变得无理，自然也就无礼！

在476—1096年的西欧，基督圣徒生活俭朴，为人善良，在社会上特有尊严。圣伯纳德走路时非常缓慢，眼睛紧盯地面，目的是避免踩死蚂蚁。圣方济各宣称自己与名叫“贫困”的女士结了婚，住破茅草房，晚上睡地板。

圣徒们往往还克制性欲，在西方哲学史上影响卓著的圣托马斯·阿奎那曾和一个女人被关在一个塔里，女人用尽浑身解数勾引他，他也一时兴起，但最后还是一手推开，阿奎那因此而获得“永远的贞洁腰带”。

同样在西欧，在第一次十字军东征（1096 年）之后，骑士成为备受尊敬的宠儿，吃香戴金，居住城堡，爱好杀戮。据称一位叫约翰·格拉伊的骑士曾杀死 4000 头野猪。骑士还风流成性，拈花惹草，在宫廷里勾引女人，尤其钟爱处女。

同一个地方，一样是注目礼的宠儿，但圣徒与骑士几乎是截然不同的两种人，不亦忽悠乎?

别人永远了不起

有了理，接下来应该就是投之以礼，这是最难迈出的一步。因为“我”所图的就是别人的注目礼，可现在却要求“我”向别人先投之以礼，目为别人注，礼向别人致，痛苦!

但问题在于，如果“我”不投之以礼，别人的权力意志——对注目礼的绝对追求——就不可能软化。换句话说，“我”的权力意志如果不软化，别人的权力意志就不可能软化，以理养人也就进行不下去。这就好比一般都是策划人拿着项目书去敲投资人的门，而不是投资人拿着资金来敲策划人的门。毕竟，诸葛亮那样的策划大师是极少数的，刘备那样的大投资人也是极少数的。

为着以理养人，为了获得别人优质的注目礼，“我”必须迈出投之以礼这最为艰难的一步。老子是敢于下注的，“将欲取之，必先予之”，胆子多大啊！事实上，为了更迅速而有效地软化别人的权力意志，“我”必须不惜成本向别人注目致礼，越温柔越好。刘备寄曹操篱下时不就像个孙子吗？不做孙子也成，那就做太太的先生，遵守“爱妻六大守则”：

1. 太太绝对不会有错；
2. 如果发现太太有错，一定是我看错；

3. 如果我没看错，一定是我的错才害得太太犯错；

4. 如果的确是太太自己的错，只要她不认错，她就没有错；

5. 如果太太坚决不认错，我还坚持她有错，那就是我的错；

6. 太太绝对不会有错——这句话绝对不会有错！

一旦“我”迈出投之以礼这一步，注目礼争夺战的气氛就会为之一变，由紧张而放松，由严肃而和缓。这时候，别人正津津有味地享用“我”甩出的高帽子，以理养人也跨入下一步——怎么样给别人说理。

“我”所认为的理，别人不一定认为是理；“我”所认为的好理，别人可能认为是坏理；“我”所认为的真理，别人或许认为是歪理。说之以理就是消除“我”和别人之间的隔膜，没有方法和耐心，断不可行。此一过程中，“我”绝不能对别人不屑，或说别人不是，而必须遵循“别人永远了不起”的原则。因为一旦“我”对别人不屑或说别人不是，就可能重新硬化别人的权力意志，使之走向对立。

说之以理的功夫正是推销员那一套本领，怎么说，什么时候说，什么地方说，什么机缘说，说多少，讲究多着呢！准备着又一次神经衰弱吧，前一次是绞尽脑汁，这一次得费尽心机。“乞丐煮汤”的故事值得参考：

> 一乞丐来到一人家门口，主人连连呵斥。乞丐忙说：我不是向您乞讨的，只想借您家的锅煮点石头汤喝。见他只是借锅用用，主人同意了，但纳闷石头怎么煮汤。乞丐把石头放进锅里，问：“煮汤得加水，不然会烧坏锅子，借点水行吗?”主人于是给了水。乞丐把水放进锅，说：“煮汤需一些盐和调料，能给放一点吗?”主人又给了盐和调料。就这样，原本受到呵斥的乞丐喝上了有滋有味的汤。

为什么有人退出江湖

终于到了收之以礼的时候！别人一旦接受“我”的理，“我”就自动成为该理所包含的注目礼游戏的立法者，由于先发优势的存在，一般而言，“我”都会成为赢家，别人优质的注目礼姗姗致来。感觉正好比策划人的项目书获得投资人的首肯，立即拿到了包括策划费在内的前期费用；也好比推销员向客户卖出产品，正用手指捻着第一笔定金呢！

有人可能要说所谓的以理养大别人纯粹是忽悠，属于阴谋诡计。不妨假设这一说法成立，那谁是受害者呢？与其说是别人，不如说是“我”！以理养大别人，可是理在哪里？天上不会掉，地下不会冒，首先“我”必须第一次开动脑筋，绞尽脑汁把理弄到手。可以说，这已经是人世间最困难的事了！

即便理弄到手，也不是“我”的快乐星期天，必须第二次开动脑筋，费尽心机以理养大别人。这是比把理弄到手更困难的事，既需要方法，又需要耐心，而且要始终信奉“别人永远了不起”。

绞尽脑汁加费尽心机，长此以养，“我”将不“我”。哎，想当初，“我”步入社会，雄心勃勃，对别人的注目礼志在必得；看如今，鞠躬尽瘁，神经衰弱。极其可能，“我”会有些情绪，就像《济公活佛圣训》所唱的：

一生都是修来的——求什么；今日不知明日事——愁什么；
不礼爹娘礼世尊——敬什么；兄弟姐妹皆同气——争什么；
儿孙自有儿孙福——忧什么；岂可人无得运时——急什么；
人世难逢开口笑——苦什么；补破遮寒暖即休——摆什么；
食过三寸成何物——馋什么；死后一文带不去——悭什么；
……

“我”想退出江湖了，开始对别人的注目礼有一些腻，即便以理把别人养得再大，不也就是个质量稍优一点的注目礼吗？有什么大不了嘛！更何况这时候“我”还得对别人报之以礼呢，或是注目致礼，或点头致礼，或是竖指致礼。先投之以礼，后报之以礼，中间是绞尽脑汁加费尽心机——这就是以理养大别人的全过程，可说是赢了一丁点面子，输了一大堆里子。

由于别人是注目礼的出品人，注目礼争夺战中，“我”在围绕自己转的同时也不得不围绕别人转。如果人性太极的双核运动圆得不妙，要么别人不得不牺牲，要么“我”不得不牺牲。如果“我”经常感觉在牺牲自己，对注目礼的反感即不可避免。

一旦反感甚至腻烦，“我”完全可能出走社会，打道回老家，像陶渊明先生那样“采菊东篱下，悠然见南山”。甚至访道学仙，追求长生不老或其他种种非注目礼或超越注目礼的满足。“做了皇帝求仙术，更想登天跨鹤飞”，这是自然而然的。“秦王扫六合，虎视何雄哉”——嬴政当初对别人的注目礼何等在意，简直斤斤计较！“尚采不死药，茫然使心哀”——始皇最后不也对别人的注目礼不以为然了吗？“但见三泉下，金棺葬寒灰”——更何况还有死亡令“我”不寒而栗。种种原因加在一起，“我”完全可能离开别人，出走社会，访道学仙，就像始皇当年东临碣石求仙术一样。

当然，“我”也可能继续做一个社会人。毕竟注目礼是“我”最真的受用，“我”还是摆脱不了社会引力。访道学仙只是“我”对作为社会人感觉腻烦时的某种形而上的幻想，叫“我”感觉踏实的还是别人的注目致礼。

“出世之学”是什么学

对注目礼的腻烦，在西方的文学、艺术和哲学中，有比较广泛而深刻的流露，甚至成为某些流派的主题。虽不像《济公活佛圣训》从为人处世入手，但它们共同的手段都是以死亡来彰显注目礼的虚幻。

存在主义当然不会放过这一点，马丁·海德格尔曾提出“Vorlaufen in Tod”，翻译过来即“向死而生”。更有一派诗人，18世纪中叶流行于英国，被称为“墓园派”，他们放开嗓门唱衰注目礼。如托马斯·格雷在《墓园之歌》中就反复使用下面几行诗歌：

徽章的炫耀，权力的浮华，
世间所有的美貌，所有能够获取的财富，
都在等待同一个不可避免的时刻：
荣誉之路只能通往坟墓！

宗教应该不是起源于对注目礼的腻烦，但在现实生活中，或许因为对注目礼的腻烦十分普遍，宗教也趁机而上，利用一把。《旧约·传道书》有言：“虚空的虚空，凡事都是虚空。”

在中华文化中，对注目礼的腻烦直接导致一对概念的区分，即“入世”与“出世”，甚至有所谓“出世之学”。儒家与道家原本不二，但侧重点略有差异，可能因为儒家居庙堂之高，道家相应被认为是出世之学。一入一出，达则儒家，穷则道家，成为独特的精神家园，两头不堵地为中华民族释放精神能量。

第五章

发现最好的“我”

“我”真的爱你

“大忽悠”养“小忽悠”

为了把理弄到手，“我”绞尽脑汁；为了以理养大别人，“我”费尽心机。日复一日，月复一月，年复一年，“我”炼之又炼，九转还丹，甚至不时冒出些烦来，但事儿远没有完，万里长征才迈出第一步。

这是常常发生的，尽管“我”绞尽脑汁把理弄到手，但别人根本不认，注目礼没收到，注目非礼倒有了，一脸的不屑，上坟烧报纸——哄鬼呀！比如有牛奶推销员说：“只要你连续1200个月每天都喝上一杯牛奶，你肯定能活上100岁！”如此包赢不输，别人会陪着玩吗？

也可能，别人初一看感觉新鲜，甚至也注目致礼，但细思量后，认为无理，忽悠人的。话说与狐狸森林漫步后，老虎百思难解：怎么动物们今儿个都怕起他狐狸了？狼秘书见虎大王都想得憔悴了，大胆进言：“大王，狐狸并非天使，动物们跑开，其实还是因为您威风八面。”老虎一听，气不打一处来，当下要找狐狸算账去。顺手押了只小狐狸做向导，一路虎虎生风，直奔狐狸家而来。真的是老狐狸一只，一瞧架势，什么都明白了，灵机一动，两手叉腰，对小狐狸喝道：“喂！我叫你捉多少只老虎？去了这么长时间，才拎来一只？”老虎一听，这来头可真是“奉天承运”呀，又乖乖地服了——再一次被忽悠住。

“我”也可能再一次把别人忽悠住，但现实情况是，“我”和别人可能并非狐狸与老虎的关系，“我”是“我”，别人也不是孙子，而就是“我”。别人为什么就不能以理养“我”呢？如果说忽悠，别人为什么就不能忽悠“我”呢？一场忽悠的较量不可避免！

> 据称，美国北卡罗来纳州夏洛特市有个人，买了盒名贵雪茄。有意思的是，这人给雪茄保了火险和其他一些险种。更逗的是，保险公司同意了。
>
> 不到一个月，雪茄抽完了，这人向保险公司索赔，声称雪茄被“一连串小火”烧没了。保险公司拒赔，称雪茄是被这人正常消费的。
>
> 可这人不服，提起诉讼，居然胜诉。法官虽承认索赔有点无聊，但

同时宣称，保险契约显示，雪茄被保险公司确认可以保险，并具体承诺为火险，并无规定什么是“不可接受的火”，保险公司必须赔付。

保险公司虽感无聊和委屈，但没浪费时间和金钱去上诉，而是接受法院的判决，为被“火”烧毁的名贵雪茄赔偿1500万美元。

但就在这人把支票兑成现金后，他被逮捕了，原因是犯有24项纵火罪，控告方正是他刚刚打败的保险公司。

更有趣的是，该人的索赔要求和证词都被用来证明其罪，最后因蓄意烧毁被保险财产而被判处24个月徒刑和2400万美元罚款。

瞧，谁忽悠谁？如果“我”忽悠别人，别人完全可能琵琶反弹，甚至青出于蓝而胜于蓝，最后把“我”忽悠住。再看一段夫妻对白：

妻子：能把碗洗了吗？

丈夫：我有事。

妻子：只是考验你，碗我洗好了。

丈夫：我是开玩笑，其实我很愿意帮你。

妻子：我也是开玩笑，你愿意，那就去洗吧！

“我”是“小忽悠”，别人是“大忽悠”，留下的是“我”乖乖地向别人注目致礼。忽悠很容易，接着忽悠也不是不可能，但老忽悠的结局恐怕只有一种：自己忽悠自己！

当然，“我”的理也可能把别人完全养住，动弹不得。就像孔夫子，把身边的弟子一个个养得学有所成，尤其是颜渊，被养得心悦诚服，喟然叹曰：“仰之弥高，钻之弥坚；瞻之在前，忽焉在后。夫子循循然善诱人，博我以文，约我以礼。欲罢不能，既竭吾才，如有所立卓尔。虽欲从之，末由也已。”意思是说，我跟着老师一路跑，但总是被老师甩后一大截。

这当然不是一蹴而就的，很简单，某一个理是不可能持久养人的，平常不也见到从主义到思想到理论的说法吗？要养到孔夫子的高境界，必须有一个理的进阶，从A理升华到B理，从B理升华到C理，从C理升华到D理……好比从小学读到研究生，课本和教师都必须不断提升。

为着以理养人，“我”必须在理上一路竞走，坚持不懈，永攀高峰，这是何等的修炼！因为在理上越是往高走，就越是艰难，甚至一个脑袋瓜都不够用。用既有的经济学术语讲，一次帕累托改进并不难，难的是持续的帕累托改进。

注目礼的本质在分享

正当“我”在炼狱中九转还丹时，有一天，“我”突然对别人的注目礼不以为然了，即便别人对“我”执弟子礼，甚至五体投地，虔诚得无以复加，“我”也一脸的不屑。是因为别人的跪拜式弟子礼不是真礼，还是“我”闹毛病了？

以理养大别人原是通过使别人理解“我”的理而获得别人优质的注目礼，要是别人不理解“我”的理，压根儿不知“我”高明何在，那“我”何养之有？别人又何大之有？别人对“我”的注目礼又何优之有？别人理解“我”的理是关键之关键！

如果“我”没有养大之功而受别人的注目礼，岂不构成“注目礼受贿”？反之，如果别人没有养大之效而向“我”注目致礼，岂不构成“行贿注目礼”？注目礼贿赂是要不得的，爱因斯坦打趣说：“为什么人人都不理解我，却人人都向我喝彩呢？”

事实上，如果别人不理解“我”的理，注目礼只能是假冒伪劣礼，“我”贸然受之，既伤害别人，也伤害“我”。子曰：“人不知而不愠，不亦君子乎？”在别人还没有理解“我”的理并真正成长起来时，“我”一定要做君子，务必不愠！

这一点极其鲜明地彰显出注目礼的另一个深刻本质——分享！没错，“我”最需要别人的注目礼，但如果为“我”运作一下为尊者讳，就不是“我”需要别人注目致礼，而是“我”希望别人也分享“我”的价值，“我”不想一个人独占。如果“我”的价值在于思想和美德，独占尤其没有意义。即便“我”的价值体现在物质财富，纯粹的独占也没有意义。

从这一意义上讲，社会人并不存在纯粹的私有，而是“我”的东西需要别人来分享，别人的东西也需要“我”去共享。用孟子的话讲，独乐乐，不若与人乐乐，不若与众乐乐。安德鲁·卡内基被誉为现代慈善事业的开创人，一句话掷地有声，让有钱人忐忑难安：“在巨富中死去是一种耻辱！”的确，有钱而不能与人共享，钱与人双双偏离社会性，非耻而何！

从马克思到卡内基，有一脉相承之处，都强调独占的无意义。或许因为时代的局限，马克思走到分享的极端——消灭私有制。但对社会性的洞察，马克思毫不含糊，《共产党宣言》写道：“做一个资本家，这就是说，他在生产中不仅占有一种纯粹个人的地位，而且占有一种社会的地位。”何等深刻！实际上，按马克思的设想，消灭私有制，也并非要取消个人财产，而是要使资本失掉阶级性，恢复本来的社会性。

这里有个问题：既然注目礼的本质在分享，为什么还有注目礼争夺战呢？原因是在于，“我”有一个价值想与别人分享，可别人也不是孙子，也有一个价值想与“我”分享，针尖遇麦芒，不就斗了吗？

爱：还别人于别人

因为别人不能分享“我”的理，根本不知“我”高明何在，所以“我”对别人的注目致礼一脸不屑。就是说，“我”是对别人的注目礼贿赂不屑一顾。这是“我”在以理养人的过程中常常要遭遇的事，比例可能还不低。不是有人说“我接触的人越多，我就越喜欢狗”吗？别人的悟性，“我”委实不敢高估。

但昔“我”往矣，经过在炼狱中反反复复的九转还丹，如今的“我”对别人的注目礼一概拒之门外，不管注目礼贿赂，还是真心实意的注目礼，抑或别的什么注目礼，统统滚蛋！

尤为甚者，“我”对别人开诚布公：千万别向“我”注目致礼，不对“我”注目致礼，“我”还感觉了不起；越向“我”注目致礼，“我”越觉得没什么大不了！甚至直接吩咐别人：离开“我”吧！

就像我佛如来，将入涅槃的时候，文殊菩萨虔诚地请他再转法轮，谁料回过来的是一声呵斥：“文殊！吾四十九年住世，未曾说一字。汝请吾再转法轮，是吾曾转法轮乎？”我佛如来自成道以来，谈经三百余回，明明白白的，怎么竟一口全否认呢？

无独有偶，尼采笔下的“超人教父”查拉斯图拉也直接送客走人，当着诸弟子的面毫不客气地表示：“人永远做一个弟子，非所善报于师。为什么你们不夺去我的花冠呢？你们还没有觅到你们自己，于是就觅到我。一切的信徒都如此，所以，一切信仰都少有价值。现在，我吩咐你们丢开我，去发现你们的自己。只是当你们拒绝我的时候，我才再转来。”

咋回事呢？即便对注目礼心生腻烦，也不至于送客走人呀，难道“我”神经质不成？不，世界上最伟大的爱正在诞生，那就是：把别人还给别人！我佛如来之所以在涅槃会上一口否认自己曾转法轮，查拉斯图拉之所以对弟子们送客走人，正反映了他们把别人还给别人的真爱！

爱是使用频率最高的字眼之一，可什么是爱呢？一般的爱其实只是利益的别名，最明显反映在：一般的爱都以聚合为目的。男女之爱尤其明显，由于生理的依赖，天然地要求在一起。其他很多的爱，也是依赖性越强越好，一旦依赖解除，爱也荡然无存，其实只是利益的捆绑。

似乎只有一种例外，那就是父母对子女的爱，它以分离为目的。孩子未长大成人时，向爸妈注目致礼抱大腿，请求一些学习和生活上的帮助，爸妈会感到高兴。一旦长大成人，有了稳定的工作和生活，爸妈就会提醒孩子说：“你们一个个都长大了，自己的问题自己解决，不要找我们啦!”从这一意义上讲，父母对孩子的爱更接近于真爱。

“足乎已无待于外”

拒绝别人向“我”注目致礼，甚至吩咐别人离开“我”，难道注目礼争夺战中冒出了父母对孩子般的分离式真爱?

这是注目礼争夺战的必然，而且是逻辑必然！打来打去，以力服人也好，以理服人也好，以力养人也好，以理养人也好，不管怎么打，再怎么强调注目礼的本质在分享，最后都是为着“我”赢，一个结果：“我”有注目礼，别人没有注目礼，别人向“我”注目致礼。

可别人呢？就乖乖地向“我”注目致礼？注定低“我”一等？天生孙子一个？别人之心，“我”忖度之，不也就是“我”吗？之所以步入社会，目的不也就为注目礼吗？看如今，别人陪“我”一路玩来，注目礼何有！怎么玩，都是“我”在算计别人，无论是先行的对别人投之以礼，还是后来拒绝别人的注目礼贿赂，目的都是彰显“我”的英明睿智，把别人当什么呀！

即是说，到此为止，注目礼争夺战仍没有达至均衡；用另一个经济学重要概念来讲，注目礼仍处于稀缺状态。怎么样化解稀缺、实现均衡呢？不妨引进一个第三者，别人向“我”注目致礼，第三者向别人注目致礼，“我”和别人都有注目礼，局部均衡达到。可第三者呢？当然可以再引进一个第四者，由第四者向第三者供应注目礼。如此类推，以至无穷。显而易见，这不能真正化解稀缺、实现均衡。

亚里士多德遭遇过类似的问题，其最重要的著作《形而上学》是专门追究根本问题的，其中就包括：物理学研究物体的运动，可运动的起源在哪儿呢？亚里士多德写道：

> 既然任何运动着的事物都必然有推动者，如果有某一事物在被运动着的事物推动着做位移运动，而这个推动者又是被别的运动着的事物推动着运动的，后一个推动又是被别的运动着的事物推动着运动的，如此等等，这不能无限地推溯上去，那么必然有第一推动者。

这里面的逻辑应该是颠扑不破的，后来西方的大哲学家进行哲学的根本追究时，基本袭用之。笛卡儿怀疑来怀疑去，最后如何定义宇宙本体即他所谓的上帝呢？“能自己存在而其存在并不需要别的事物的一种事物”——显而易见，与“第一推动者”毫无二致，不过是把“运动”改为“存在”而已。值得一提的是，对第一推动者，韩愈的一句话简明扼要：“足乎己无待于外”。

把“推动”改为“注目致礼”，把“别的物体”改为“别人”，可得到：希望注目致礼于别人，自己不希望被别人注目致礼，“我”足乎己无待于外，自在人一个！这就是注目礼争夺战稀缺的化解，同时也是均衡的实现。即是说，注目礼争夺战存在均衡的话，有且只有“我”足乎己无待于外，舍此无别。

“除了爱你，没有真理”

足乎己无待于外，原来是“我”的最大满足！走笔至此，不妨总结一下：人性是善还是恶？或认为人性本善，如死难临头还为杀人者祈祷的耶稣基督；或认为人性本恶，如鼓吹不择手段的马基雅维利；或认为人性无所谓善恶，如告子以水论人之性：人性就好比蓄势的水，在东边导之就往东边流，在西边疏之就向西边淌，有何善恶？

但人性自利，几乎世所公认。尤其秉持人性本恶的人，对人性自利更没有异议，在他们看来，人性自利正是人性本恶的源头，人性自利意味着人性本恶。真的吗？具体看一看“我”怎样盘算自己的利益。

回首注目礼争夺战，尽管也曾大打出手，但那是“我”初入社会，不知别人深浅，贸然对别人出手。经过一两次实践，“我”就认识到，即便大打出手，也万万不能把别人往死里打。经过更多次博弈，“我”更充分认识到，以力服别人不可取，以理服别人也不可取，必须把一“力”字斩草除根。

从此以后，“我”便走上以理养服的康庄大道，为寻找理而绞尽脑汁，为推销理而费尽心机，而且先投之以礼，后报之以礼，还得拒绝注目礼贿赂。实在讲，为以理养人，“我”近乎神经衰弱。幸运的是，天无绝人之路，“我”最后自我发现，足乎己无待于外，不再以别人的注目礼为转移，得大自在。

纵观“我”的一生——从一开始跟别人打交道到得大自在的一生，“我”对别人根本没有恶意，更不要说置别人于死地，全部要求不过就是别人对“我”注目致礼。尽管以理养人也不算什么好心，目的还是别人优质的注目礼，确实称不上纯而又粹的善，但至少也扯不上恶。

理论上，尤其以注目礼的本质在分享来运作为尊者讳的话，“我”完全可被称为善。事实上，只要不是心存偏见，“我”也应该被表扬为善。注目礼争夺战中，“我”始终在想着别人，特别经历过以力服人的阶段后，对别人更是大养特养。这不正是仁吗？汉字的一“仁”字是对“我”的最大表扬，《说文》云：“仁，亲也，从人，从二。”

根本上讲，无疑就是“我”性本善，因为“我”原本足乎己无待于外，不但不需要别人向“我”注目致礼，而且还慷慨大方注目致礼于别人。在“我”和别人的关系上，“爱你等于爱自己”尚欠准确，更准确就是：“我”真的爱你！尤其就足乎己无待于外的“我”而言，情势真如歌里所唱：“除了爱你，没有真理！”

在充满注目礼臭味的社会上，几乎没有人还相信爱，遂有“如果人人都献出一点爱”的呼吁。殊不知，爱是真的，客观存在于“我”心底。当然，真爱绝非等闲之物，很简单，足乎己无待于外的人几稀！甭说足乎己无待于外，就是做到孔夫子所提出的“人不知而不愠”的，凤毛安在？麟角何有？

真爱属于真菩萨，泥菩萨过河，自身不保，还处于严重的注目礼饥饿状态，何谈爱人，遑论真爱！从这一意义上讲，只有超越，才能超脱。也是从这个意义上讲，爱可以提倡，但不宜过分渲染，更不能以爱作为“我”步入社会的起点——即不能以爱作为创立社会制度的起点。

黑格尔曾写道：“当人们说人本性是善的这句话时，他们以为说出了一种很伟大的思想；但是他们忘记了，当人们说人本性是恶的这句话时，这是说出了一种更伟大的思想。”这应该代表大多数人对人性的看法，广大群众更认为人性本恶论比人性本善论英明睿智，不迂不腐。

倒过来吧，那就是：当人们说人本性是恶的这句话时，他们以为说出了一种很伟大的思想；但是他们忘记了，当人们说人本性是善的这句话时，这是说出了一种更伟大的思想。道理最简单不过，如若人本性非善，包括自己在内的每个人，都不是什么好东西，人类的希望何在？

与人为善更适合个人利益最大化

电影《天下无贼》令人回味，故事发生在一趟火车上，农民傻根在外面挣了点钱，回家盖房娶媳妇去，但被一对扒手王薄和王丽盯上。傻根不相信世界上有什么贼，单纯而善良，活生生地把这一对扒手恋人感化了，进而保护他免遭另一个扒手团伙的暗算。

傻根不简单，比黑格尔不知强多少倍，但属另类。现实生活中，人性本恶论比人性本善论更有群众市场。由于现实的残酷，比如多次被坑，一般人都会条件反射般地把对方当坏人甚至恶人看，尤其在不太了解的时候，即便希望与人为善，也很难再主动表现出高风亮节，而总是猜疑当头。这固然能降低被坑的可能性，但也常常错失机会，甚至冤枉好人，而且让人活得挺累。

电影《唐山大地震》中，生死分别后，由于心灵创伤，方登一直在怨恨自己的妈妈，以至于从不回唐山寻亲，但事实上，妈妈一直就像犯了罪似的，惦记着女儿，为她烧纸，为她买课本，就像活着一样。当方登最后知道这一切时，失声大哭："对不起，妈！对不起，妈……"

怎么样面对生活中的各色人等呢？孔夫子有过"不逆诈，不臆不信"的说法，意思就是不乱怀疑人，而是尽可能去信任人。《菜根谭》进一步表示："信人者，人未必尽诚，己则独诚矣；疑人者，人未必皆诈，己则先诈矣。"意思是说，善意为高，用经济学的话语表示：与人为善更适合于个人利益最大化。

“我”就是“我”

何谓自由？如何民主

注目礼争夺战要达至均衡，有且只有“我”足乎己无待于外。这是经济学的逻辑，但实际上，更多个角度的逻辑表明，包括政治学的逻辑和纯粹逻辑在内，“我”都必须从注目礼争夺战中退出，足乎己无待于外。否则，“我”就于逻辑不通！

哥德尔定理表明，不论什么理，都不能自己证明自己，都必须借助于外力，理首先就是力。就是说，不管“我”怎样为理而绞尽脑汁，甚至精心打造一系列的理，让人欲罢不能，但本质上仍是以力服人。

不客气地讲，“我”仍然是个骗子，不过是骗得客客气气而已，通过编造一种或一系列的理来骗取别人的注目礼。这算什么养？自始至终都要求别人注目致礼，不就自以为了不起，让别人老跟在“我”屁股后面跑吗？能不能搞点人道主义，给别人一点自由民主呀？如果“我”希望超越以力服人，实现自我解释，“我”就必须拒绝别人的注目致礼，吩咐别人离开，还别人于别人——时髦点讲，让别人自由去，让别人自主去！

什么是自由民主呢？相关的书汗牛充栋，但总体上正可谓：你不说我还清楚，你越说我越糊涂。18 世纪的法国启蒙思想家查理·孟德斯鸠表示：“自由是做法律所许可的一切事情的权利。”可法律谁定？一心要搞清楚自由的 19 世纪英国哲学家约翰·穆勒，在专著《论自由》中提出：唯一名副其实的自由就是“按照我们自己的道路去追求我们自己的好处的自由”。这不等于白说吗？“我们自己的好处”是什么呢？“我们自己的道路”又是什么呢？语焉不详。

严复先生在翻译“自由”的概念时，怕中国人不理解，特地译作“群己界限”，并强调：人生而自由，他可以做任何他愿意做的事情，但必须以不妨碍他人的自由为界限。这仍然是白说，人究竟愿意做什么事呢？语焉不详！他愿意做的事情与他人有什么关系呢？付之阙如。实际上，不回到“我”和别人的基本关系，根本就不可能把自由民主说清楚。

“假道万卷书，真传一句话”——所谓自由民主，彻底地讲，就是人与人之间依附性的解除。注目礼争夺战中，“我”足乎己无待于外，还别人于别人。这就是自由民主——于“我”是已经自由，已经自主；于别人是自由去吧，自主去吧。自由民主是不能离开“我”来说的，首先是“我”主动解除依附，不再以别人的注目礼为转移；接下来才是别人去自由去民主。

如果“我”念兹在兹于别人的注目礼，斤斤计较于别人注目致礼，整个人生活在别人的眼光当中，一身俗气，怎么自由民主？有何自由民主？一旦“我”不可能自由民主，所谓让别人去自由民主，就沦为空话。《共产党宣言》还真的一语中的，“每个人的自由发展是一切人的自由发展的条件”。

普遍存在的人身依附，是计划体制的固有弊病。但所谓的自由社会真正去掉依附性了吗？哈耶克一方面为西式自由民主喝彩，并作出“人类合作的扩展秩序”的理论阐述；另一方面又为西式自由民主担忧，因为在人类合作的扩展秩序下，人越来越支离，也愈来愈物化，个个成为社会大机器上的小小螺丝钉，不亦越来越依附乎？（参见第八章）

金钱竞赛也是以力服人

自由民主的理念古已有之，但系统的自由民主体制，应该说是从启蒙时代开始提出和论述并不断完善的，存在着鲜明的时代性和针对性，主要就是针对中世纪欧洲社会教权和君权过于强大而普通民众饱受暴力征服的状况而言的。应了阿历克西·托克维尔一句名言：“人们似乎是在追求自由，其实只是痛恨主子。”

但西式自由民主是不是真正超越了以力服人？首先得弄清什么是以力服人，这难道也是个问题？以力服人不一定使用暴力，比如以理服人就没有暴力，但本质上也是以力服人，因为理本质上就是力。那如何才不是以力服人呢？

就社会人而言，独占是没有意义的，注目礼的本质在分享。但分享存在程度之别，如果“我”的价值在于美德，“我”希望别人完全能够复制，分享度非常高；如果“我”的价值在于思想，“我”希望别人能够理解和掌握，分享度比较高；如果“我”的价值在于物质财富，由于物质财富的排他性占有，分享度低得多。

当然，物质财富并非一点也不能分享。有一种法国品牌的皮包，叫路易·威登（Louis Vuitton），在中国卖得俏。据分析，原因就在于路易·威登包直接将品牌缩写“LV”印在皮革表面，让人一目了然。这应该不是以小人之心度君子之腹，如今可能已与国际接轨了，曾几何时，中国的有钱人，尤其一夜暴富的，都不愿意将品牌标签从衣服上摘掉，目的就是让人一目了然：俺品牌加身，不亦牛乎！这不也是种分享吗？尽管分享度极低，但让人羡慕得眼珠子都要夺眶而出。

完全不能分享的就是暴力征服。据称成吉思汗有句名言：仅有成功是不够的，其他人必须失败！确实道出"一代天骄，只识弯弓射大雕"的强悍，蒙古骑兵当年横扫亚欧时，如果不投降，一旦攻取就大肆屠城。如果某城恰好处在蒙古骑兵回师路上，即便投降，也免不了屠城。原因应该就在于暴力征服的分享度为零，《多桑蒙古史》记载："盖蒙古兵不欲后路有居民，而使其有后顾之忧也。"

以力服人之所以为以力服人，并不仅仅因为使用暴力，而是因为分享度低。直接的暴力征服，分享度完全为零。以理服人虽然本质上也是以力服人，但分享度高于暴力征服，这正是以理服人会让人更有安全感的原因。如果"我"的价值在于美德，分享度明显更高，甚至可以达到"1"。因为美德不怕复制，比如"我"有谦虚爱人的美德，就希望别人也能谦虚爱人。

尽管根本不使用暴力，但由于物质财富的排他性占有，分享度极低，"金钱竞赛"——以财富为注目礼载体的注目礼争夺战——接近于以力服人。在古代，但凡独特的技艺，姑且不论高超与否，都是私相传授，而且"传内不传外，传男不传女"。现代知识产权制度能保障分享，极大减少所谓的私相传授，但目的更在于防止分享。为什么原本可分享的东西却要私相传授及防止分享呢？原因就在于金钱竞赛以力服人，既然以力服人，天生注定要防止分享。

名表为什么卖得俏

尽管眼下几乎人人随身携带手机，而且公共场所多有时钟，但有钱人还是喜欢戴上一款名表，原因应该就在于炫耀。有人曾总结男人最能拿来炫耀的财富有三样：房子、车子和手表。但房子不能带着到处走，车子也只能停靠在停车场，能随时随地显示财富的，唯有名表。

就像体育一样，金钱竞赛没有任何暴力，怎么会本质是以力服人呢？答案就是炫耀性消费，它不知不觉但又最集中地暴露了金钱竞赛以力服人的本质。一种商品新上市时，只是少数上流阶层争奇斗艳的手段，在市场化的推动下，慢慢向中间阶层蔓延，但炫耀的边际效益递减，一旦到"臭一条街"的程度，上流阶层又开始把玩新货色了。甚至有可能，上流阶层重回原始阶段。这在手机上表现得尤为明显，现在的手机样式千姿百态，但过去用前沿手机的一些上流人物如今把玩的却是最简单的老旧型号，只要能接电话和收发短信就成。

这当然就是以力服人，炫耀性消费其实有一句力透纸背的潜台词："我"不是要与你分享的，"我"高你一等，你算什么东西，也配跟"我"一样，啊——呸！精明的商家对这一点洞若观火，特别开发不进入循环的商品，即所谓的奢侈品，比如手工打制的限量版手机，卖到好几万一个，而且声称要定制。

自己回归自己

"我"拒绝别人注目致礼，吩咐别人离开，给别人以自由民主。这是对以力服人的超越，如果从分享的角度看，这是一种怎样的分享呢？究竟要分享什么呢？

这的确是一种奇怪的分享：别人不对"我"注目致礼，"我"还感觉了不起；别人越向"我"注目致礼，"我"越觉得没什么大不了！客气点讲，注目礼足乎己无待于外；不客气地说，注目礼原本虚幻——"我"就是"我"！

这正是逻辑自洽的实现，如前边所论述，注目礼人是两个成分：

> 逻辑原子："我"是围绕"我"的一种圆运动；
> 公设："我"这一圆运动的圆心是别人对"我"的注目礼。

逻辑原子是唯一的不证自明，公设虽符合经验的事实，但是一个假设，并不能证明。从一个逻辑原子和一个公设出发，经过注目礼争夺战一系列的演绎，最后发现注目礼原本虚幻，公设确实只是个假设，自动留下来的就是逻辑原子，终点又回到起点——"我"就是"我"！

理论必须使用假设，要是一个假设都不使，岂不循环论证，自己证明自己？即是说，使用假设无可厚非，关键是看怎么使，最后能不能逻辑自洽。遗憾的是，一般的理论都是假设用到底，一旦到手，就不放手。比如说"欧氏几何"，它从5个公设、5个公理和23个概念出发，并自始至终依赖之。

注目礼人可能是绝无仅有的理论例外，首先是拿起假设，最后是放下假设，不是自己证明自己，而是自己发现自己，自己回到自己，实现哥德尔定理所要求的自我解释，消解逻辑悖论，实现逻辑自洽。这的确极其罕见，但类似的“理论”并非没有：

孩子怕一个人走夜路，父亲巧妙地让孩子克服。

父亲问：你怕什么？

孩子答：怕黑。

父亲问：黑有什么可怕？

孩子答：黑总像是有鬼似的。

父亲问：你见过鬼吗？

孩子笑笑：没。

父亲问：那现在你敢独自走夜路了吗？

孩子低头：不敢。

父亲问：还怕什么？

孩子答：路边有一片坟地。

父亲问：坟地里有什么声音或鬼火之类吗？

孩子答：有虫叫，没鬼火。

父亲问：白天的虫叫与夜里的虫叫有什么区别？

……

一路下来，孩子最后一点也不怕了。

孩子为什么先怕而最后不怕呢？因为怕原本虚幻，父亲不过巧妙地让孩子认识到怕的虚幻。“我”为什么先要注目礼而最后不要注目礼呢？因为注目礼原本虚幻，注目礼争夺战让“我”认识到注目礼的虚幻，立地成佛，“我”就是“我”。

如果说分享的话，这时候要分享的不再是别的什么，就是自我——本来的自我。“我”发现本来的自我，享受本来的自我，回归本来的自我。之所以拒绝别人注目致礼，吩咐别人离开，目的就是希望别人也发现自我，也享受自我，也回归自我，一切原本足乎己无待于外。

这就是最高的分享度“1”，现实上讲，这时候的“我”还不是一点注目礼的欲望都没有，但“我”确实真诚希望别人也离开注目礼的虚妄，与本来的自我合一。从利益最大化的角度讲，也只有别人真正回归自我，才会真正恍然大悟“我”之英明睿智，向“我”致以最崇高的注目礼。

"神龙秘籍"为什么是一张白纸

《功夫熊猫》是好莱坞动漫大片，但地道中华化，由表及里，透骨入髓。这不仅表现在道具上，比如令人耳目一新的筷子包子仗，还集中表现在影片所要传达的哲理上，乌龟大师的话尤其突出："你的心态就如同水，当水波荡漾时，很难看清，不过当它平静下来，答案就清澈见底了。"自称中华文化迷的导演马克·奥斯波恩说《功夫熊猫》是"写给中国的情书"，当之无愧。

或许旁观者清，奥斯波恩抓着了中华哲学的灵魂。"神龙秘籍"构成统摄整部影片的悬念，供奉在最显要的高处，是成为"神龙大侠"的象征。不仅在浣熊师傅眼中神圣不已，就是在乌龟大师心中亦贵不可言，阿龙不惜拼命要搞到手。可最后谜底揭开，所谓神龙秘籍，不过是一卷白纸，什么也没有，拿在手里，照见的只是自己。就是说，没有大师，没有秘籍，真实的自己才是最后的皈依。

皈依自我，正是儒家、道家和佛家哲学的最高宗旨。形式上，佛家对这一点的强调尤为突出，旗帜鲜明地主张"佛由自做，教由魔主"。《法华经》打了个很好的比喻：一小孩离家出走，在外流浪受苦，把老家都忘掉了，连父亲也认不出来。父亲把他找回时，一开始不敢认他，只得雇他做工，慢慢提拔他，逐渐让他知道这是自己的家，最后接受家产。经云："昔日离家远走，今返家园。承受家业，衣里明珠，不劳而获，即性德也。"

征服自己

究竟谁征服谁

注目礼争夺战归于均衡，直白地讲，"我"和别人的恩怨已了，笑退江湖。从最初的步入社会到最后的笑退江湖，从最初的对别人大打出手到最后的还别人于别人，从最初的对注目礼斤斤计较到最后的不再以注目礼为转移。这不正像一场瞎折腾吗？

但就像人睡觉于先而又起床于后并不等于白睡一样，注目礼争夺战绝非白打，除了自我回归、真心爱人、自由民主、逻辑自洽之外，“我”还有一份实在的收获，这就是征服自己，神闲气定，中正仁和，归于平静。

即便不征服自己，平静也像坟墓一样，悄无声息地等待着每一个人。只要稍微注意一下，都不难发现：一个人初入江湖，血气方刚，一竿子要把太阳戳下来，但经过生活的洗礼与打磨，有的灰心丧气，最糟的甚至万念俱灰；有的心平气和，最佳的以至古井无波。但有一点应该是共同的：激情澎湃，而今安在？

以始皇帝为例，“秦王扫六合，虎视何雄哉”——何其壮也！“挥剑决浮云，诸侯尽西来”——何其豪也！“尚采不死药，茫然使心哀”——何其凉也！“徐市载秦女，楼船几时回”——何其冷也！始皇帝尚且由热转凉，乃至于冷，况一般人乎？

表面看，注目礼争夺战是征服别人的斗争。实质上，注目礼争夺战只是征服自己的斗争，可称之为“克己”。从不再把别人往死里打，到放弃以力服人，从以力养大别人到以理养大别人，乃至最后还别人于别人，哪一次重大改进不是“我”征服自己的结果？

尤其以理养人，“我”为寻找理而绞尽脑汁，为推销理而费尽心机，夜以继日，而且一副孙子模样，恭奉别人永远了不起，艺术艺术再艺术，耐烦耐烦再耐烦。这是对自己怎样的征服，“我”不都快神经衰弱了吗？

征服别人必先征服自己，征服自己自然征服别人，注目礼争夺战是征服别人与征服自己的对立统一。怪乎哉？不怪也！原本，注目礼人就是同时围绕“我”和别人转的人性太极。那为什么还要借助于征服别人呢？要是直接自己征服自己，不就不需要折腾注目礼争夺战了吗？

问得好！中华哲学为征服自己发展出两大体系，一个是道家的体系，就自己征服自己；一个是儒家的体系，借别人征服自己。实际修行中，儒道相济或是比较好的选择。诚如《菜根谭》所云：“把握未定，宜绝迹尘嚣，使此心不见可欲而不乱，以澄吾静体；操持既坚，又当混迹风尘，使此心见可欲亦不乱，以养吾圆机。”

什么是就自己征服自己呢？选择一个偏僻的地方，什么也不想，什么也不做，就那么端坐着，内调精气神：气沉丹田，安炉置鼎，采药归壶，降龙伏虎，龟蛇盘结，三花聚顶，合和四象，玉液炼形，五气朝元，河车搬运，脑后鹫鸣，长养圣胎，打破虚空……这就是道家就自己征服自己的体系，俗称“内丹功”。

儒家奉行“极高明而道中庸”，提倡在与人交往中征服自己，通过为人处世来修正身心，实质上是借别人征服自己。相比于道家而言，儒家的功夫算生活化的内丹功。这得到了大道的首肯，元末明初的道家宗师张三丰就表示：道家所要讲的，也是修身齐家治国平天下的道理，怎么就是异端呢？一个人如能修正身心，精气神自然凝聚体内，道与儒不是二。

哪一个更好呢？不存在谁好谁不好的问题，儒家更适合低端的“我”，刚步入社会，没有注目礼，万万不可以，比如楚霸王项羽那样的人；道家更适合高端的“我”，已在社会上混过，虽需要别人注目致礼，但已不比初来乍到者的炽烈，比如五柳先生陶渊明那样的人。

就绝大多数人而言，儒家的生活化内丹功更现实一些，这可能正是儒家在中华历史上长期居庙堂之高的重要原因。毕竟陶渊明那样的人是少数，绝大多数人还是权力意志坚强不屈的。为人类文化或社会制度计，应该从绝大多数人出发，而不是从凤毛麟角出发。一句话，还是让“我”参加注目礼争夺战吧！

什么才是真“我”的气象

一个征服自己的人是什么样呢？这当然是个重要问题，而且可说极其重要。由于篇幅所限，本书不详细阐述。

大而言之，神闲气定，中正仁和，归于平静，这就是征服自己的人。曾国藩当年执弟子礼拜谒理学名臣唐鉴，大论一番学问之道后，获赠八个字：“整齐严肃，主一无适。”什么意思呢？论起来十分玄妙，但诙谐着说就是：有道之士，里面什么也没有，外面什么也没有。

人通常被分为四种：有脾气，没本事；没脾气，没本事；有脾气，有本事；没脾气，有本事。从内在修养上说，征服自己的人就是“没脾气，有本事”的人。从外相上讲，《礼记·玉藻篇》曾提出“君子之容舒迟”，简单地说，就是气象特放松又特沉着的那种。

北宋有一对理学家兄弟，哥哥程颢，弟弟程颐。程颢或许算是个征服自己的人，一个叫刘安礼的门人表示，先生“终日怡悦”，他跟随先生三十年，从没有见过先生动过气或发过怒，“未见其忿厉之容”。可想而知，程颢有本事，没脾气，胸怀博大，坦诚谦和，温柔圆润，一脸微笑，春风化雨，永远也不生气，他尊重每一个人，每一个人都尊重他。

“根本不存在什么社会”

征服别人是表，征服自己是本，注目礼争夺战是“我”借别人征服自己。那别人呢？当代法国哲学家让·保罗·萨特说过一句非常有影响的话：“他人就是地狱！”意思是说，人不要活在别人的眼光里，要自主自在点。这可能不适用于注目礼争夺战，要是没有别人，第一个问题：“我”没有意义，因为别人是“我”的注目礼出品人，没有别人就没有注目礼。第二个问题：“我”根本不可能自我回归，因为“我”的注目礼欲是因别人而尽，若不是以理养大别人那一番大修炼，“我”怎么可能回到足乎己无待于外的家呢？

佛家有个说法非常好，叫“度”，意思是助人过关。你正在河边徘徊，不知怎么过河，突然来了只船，帮你过了河，这就叫“度”。注目礼争夺战中，别人正是度“我”的观世音菩萨，既供给“我”注目礼，又尽“我”注目礼欲，帮“我”解决了注目礼问题。

别人当然也不是一无所得，事实上，别人从“我”这里所得的丝毫不比“我”从别人那里所获的少。“我”一开始跟别人打交道，就必须养别人，首先是万万不能够把别人往死里打，接下来以理把别人养大，绞尽脑汁又费尽心机，最后还别人了别人，还慷慨大方地向别人注目致礼，以鼓励别人也回归足乎己无待于外的家。注目礼争夺战正是一场“主观为自己，客观为别人”的游戏，如果说别人是度“我”的观世音菩萨，那“我”就是接引别人的阿弥陀佛；如果说别人是“我”回家的路，那“我”就是别人归家的桥。

那社会是什么呢？撒切尔夫人说过：“根本不存在什么社会（There is no such thing as society）！”这句话被牛津英文词典选为“世纪名句”，撒切尔夫人或许信口雌黄，但确属于真知灼见。哪有什么社会呢？“我”一开始作为社会人，就是为获得别人的注目礼，与社会没任何干系，社会是一个无所指的空头名词，硬说有所指，那就是：“我”在社会上寻到了别人这条归家的路，别人在社会上找到了“我”这座回家的桥，社会是“我”和别人的“路桥总公司”。现实上讲，社会是什么样的路桥总公司，取决于“我”在注目礼争夺战中以什么样的理来养大别人，有什么样的理，就有什么样的社会。

以理养大别人时，假设有一天“我”突发奇想，想到这样一种理：有一大片绿茵茵的草地，在一个地方设置一个洞或一个网什么的，然后“我”和别人共同追逐一个圆球样的东西，看谁能把它踢到洞中或网里，谁胜谁就赢得注目礼。如果“我”以这样一种理来养大别人，这样的社会就可称为“足球社会”，这个社会必须布置与足球有关的一切东西，保障这个游戏能正常进行。

假设有一天“我”奇想突发，想到这样一种理：“我”有一张桌子、一个本子和一支笔，别人也有一张桌子、一个本子和一支笔，看谁在规定的时间内写出合乎规范的文章，谁又快又好，谁就赢得注目礼。如果“我”以这样一种理来养大别人，那这样的社会就可称为“八股文社会”，这个社会必须布置与八股文有关的一切东西，保障这个游戏能正常进行。

什么样的理决定着什么样的社会形态，足球之理决定了足球社会这样一个形态，八股文之理决定了八股文社会这样一个形态。一个理都必定包含一个注目礼载体，而什么样的注目礼载体决定着什么样的社会复杂程度。足球社会可能简单一点，它所需布置的东西就是一个圆球和一片草地；八股文社会可能复杂得多，它所需布置的东西包括桌子、本子和笔，虽然这三样东西也不复杂，但八股文社会还需要制定规范和判断好坏，就不简单了。

最好的社会形态是什么样呢？“我”是铁打的，社会是流水，原本无所指，不存在文明与不文明的问题，更不存在发展与不发展的问题。如果说存在文明或发展的问题，文明也只有“我”的文明，发展也只是“我”的发展。对别人大打出手—以理服别人—以力养大别人—以理养大别人—还别人于别人，这一过程就是“我”的文明史和发展史，舍此无他。可为什么常常会谈到所谓社会文明和社会发展呢？

一言以蔽之，这就是因为注目礼争夺战的走火入魔！如果“我”以力服别人，即导致“我”和别人的“阶级对立”，“我”对别人劣质的注目礼不屑一顾，陷入空虚无聊；别人寄“我”篱下沾沾自喜，陷入自欺欺人。空虚无聊的“我”既可能自杀亡身，也可能大玩脑力劳动，创造精神文明，甚至于发明和发展自然科学；自欺欺人的别人悉听“我”命，最可能大搞体力劳动，创造物质文明。“我”创造精神文明，别人创造物质文明，从而使社会文明蓬勃发展，欣欣向荣。

如果“我”以理服别人，即导致“我”和别人的“文化冲突”，“我”对别人的注目礼不屑一顾，别人对“我”的注目礼也不屑一顾，“我”和别人陷入冷战。以理服别人与以力服别人实际上是一回事，冷战极其可能转变为热战，“我”锻炼身体，别人也锻炼身体，甚至于“我”和别人都发明和发展自然科学并创造热武器，从而使社会文明蓬勃发展，蒸蒸日上。

注目礼争夺战中，存在多次出现社会文明的机会，不仅以力服人导致社会文明的出现，甚至在以理养人的过程中，也可能出现社会文明。绞尽脑汁加费尽心机，先投之以礼，后报之以礼，以理养大别人是一座活炼狱，“我”完全有可能因此而厌烦注目礼，走上迷恋新奇甚至玩物丧志的道路，从而导致社会文明的出现。

既然社会不存在文明与不文明的问题，也不存在发展与不发展的问题，那最好的社会是什么样呢？是自然状态，还是部落社会，抑或是某种形态的小国寡民？难道社会真的就是流水？那就正式步入社会吧！正式的社会不只是"我"和别人，还有第三者，乃至第四者、第五者、第六者……滚滚红尘，注目礼臭味弥漫，群起争夺鏖战急。

第六章

“我”为什么容易堕落

第三者插足

先下手遭殃

——风云再起！由于第三者插足，“我”、别人、第三者的注目礼争夺战拉开帷幕。这是一场注目礼三角形大角逐，不同于“我”和别人一对一的注目礼争夺战，不妨称之为“三角演义”。

“我”当然一如既往，权力意志坚强不屈。与一对一的注目礼争夺战一样，别人仍是“我”的欢喜冤家，“我”也仍以获得别人的注目礼为主，毕竟第三者是个插足者。但“我”并不反对获得第三者的“大拇指”，注目礼令人精神焕发，当然多多益善。

三角演义会怎么开始呢？俗话说得好，不打不相识。“我”是一个大懒虫，尽管大打出手冒着死亡危险，而且没有任何的利益，但以力服人三下五除二，立竿见影，哪用绞尽脑汁又费尽心机去搞什么养呢？更何况“我”对自己的体质和体力都底气十足。

或许“我”原本体质虚弱，甚至“我”也知道别人的体质比“我”健康又强壮，但在博弈未展开之前，由于信息不对称，不知道别人的体力究竟如何，“我”还是心存侥幸，信心百倍，认为自己能手到擒来，喊里咯嚓把别人摆平，迅速赢得注目礼。

“我”的头脑完全是现实所逼生，是碰壁碰出来的。即便暴力无效用这么一点最最基本的常识，也是“我”多次博弈、反复实践之后才豁然有悟。大打出手，一出手就被别人反制；再大打出手，没几招就被打趴在地；又大打出手，别人也大打出手，最后把脚踩在“我”的胸口……几个回合下来，“我”终于明白：别人体质比“我”强，体力比“我”大，向别人注目致礼吧。

莫非要从大打出手开始？“我”甚至可以把别人往死里打！世事如棋局局新。三角演义中，把别人往死里打，不但获得别人的注目礼，而且还令第三者肃然起敬。把别人往死里打后，第三者有可能一路小跑过来，点头哈腰，向“我”竖起大拇指，连声说“我”了不起。虎视何雄哉，是“我”大打出手的时候了！

如果别人一命呜呼，三角演义就转变为“我”和第三者的注目礼争夺战。第三者真的就对“我”肃然起敬？把别人的死亡活生生地摆在面前，出于对“我”

心狠手毒的恐惧，第三者的确有可能对“我”肃然起敬，就像主人把鸡给宰杀后，猴子们一下子都安分守己了。

但严重的问题在于：“我”把别人的死亡活生生摆在眼前，第三者更有可能出于对死亡的恐惧，奋不顾身把“我”往死里打。任何人都恐惧死亡，看到“我”把别人往死里打，第三者可能会迅速联想到“我”也会把他往死里打，出于求生的本能，第三者决定先下手为强，把“我”也往死里打——奈何！

兵法上有一个说法，叫“围师必缺，穷寇勿追”，意思是不要把对手的生路全堵了。“我”大打出手并把别人往死里打，犯了兵法大忌，等于把第三者当穷寇追，也相当于将第三者置之死地。人一旦破釜沉舟，绝地反击，谁能挡之？

当然，第三者也可能不会破釜沉舟，即便破釜沉舟，也未必一定能废“我”小命一条。一旦“我”从地球上消失，第三者也没了注目礼出品人，“我”死了，别人也死了，第三者插足注目礼争夺战干啥呢？

或许，第三者看到“我”动不动大打出手，暴力性十足，怕“我”对他的信息不了解，一开始就通过种种方式或暗或明地向“我”展示体质和体力，让“我”明白：他可不是好惹的种！经过如此这般的信息公开后，再与“我”展开注目礼争夺战。

不管“我”和第三者的注目礼争夺战会怎样打下去，有一点毫无疑问，那就是对“我”来说，对别人大打出手并往死里打，弊大于利；或是第三者出于对死亡的恐惧而奋不顾身把“我”往死里打——这种可能性最大；或是第三者一开始就出于对“我”心狠手毒的恐惧而肃然起敬——这种可能性最小。退一万步说，即便最小的可能性发生了，也不是什么好事，注目礼的质量从此一“劣”不振。一开始就肃然起敬，注目礼质量再怎么高呢？

更可能的是，“我”和别人打得难分难解时，第三者出于对“先下手”的愤恨，挺身而出，同别人手牵手，对“我”并进合击。常言道：双拳难敌四手。“我”可能当场被打得死去活不来，三角演义就此转变为别人和第三者的注目礼争夺战，“我”趴在地上永远地注目致礼，甚至有可能向阎罗王注目致礼——孰为“我”先下手乎！

最可能的是，在“我”将要把别人打倒在地、正气喘吁吁时；或“我”已经把别人打倒在地、正得意扬扬时，第三者下山摘桃，三下五除二把“我”打倒在地，然后别人再从地上哼哼叽叽爬起来，往“我”胸口上踏一脚。完全可能，精疲力竭的“我”当场被第三者打死。如果第三者没有把“我”往死里打，从地上爬起来的别人出于报仇雪恨的目的，也会把“我”往死里踏。三角演义从此转变为别人和第三者的注目礼争夺战，“我”向阎罗王注目致礼去了——孰为“我”

先下手乎！

先下手遭殃——这是三角演义中最最基本的原则，“我”必须谨记在心并严格遵守。无论第三者什么时候以什么动机后下手，先下手的“我”都难逃一死，不要说获得别人的注目礼，更甭提获得第三者的大拇指。

纸为什么包得住火

“我”先下手了，但如果没有当场一命呜呼呢？的确，第三者和别人可能出于种种考虑而手下留情，“我”侥幸地死里逃生，但“阶级对立”就此形成：第三者和别人是“统治阶级”，“我”是实实在在的“被统治阶级”。作为被统治阶级，“我”的任务就是乖乖地向他们俩注目致礼，做牛做马。

第三者和别人当然也存在注目礼争夺战，但只要“我”还活着，他们俩的注目礼争夺战就不是真正的注目礼争夺战，而仅只是统治阶级的“人民内部矛盾”。比如他们俩可能会发生等级之争，第三者争辩说：要不是他冲过来，三下五除二把“我”打倒在地，别人可能已被“我”打死了。因此，在打败“我”的过程中，他的功劳更大，而且救了别人一命，理当做老大。别人争辩说：若不是他对“我”一路来的折腾和消耗，第三者根本不可能三下五除二把“我”打倒在地，甚至还有可能打不过“我”。因此，在打败“我”的过程中，他的功劳更大，而且大有苦劳，付出肉体上的牺牲，理当做老大。

不管第三者和别人最后谁做老大，如何做老大，但只要“我”还活着，他们俩的内部矛盾就是纸可以包住的火。因为还有一个共同的注目礼出品人，这就是“我”——死里逃生的“我”不是在向第三者和别人一睛不转地注目致礼吗？

退一万步说，即便第三者和别人对“我”的注目礼质量不满意，他们俩也不会轻易翻脸，要是在“我”还活着的时候就大打出手，“我”岂不要乘机而上？只有“我”一脸肃然地向阎王老爷注目致礼之后，统治阶级的人民内部矛盾才会转化为敌我矛盾，第三者和别人的注目礼争夺战才会真正展开。

矛盾的转化屡见不鲜，尤其开国帝王与战友们往往都存在一个先合作、后斗争的过程。最典型的可能就是北宋开国皇帝赵匡胤，起事前搞了个“陈桥兵变”，向下属和身边人许诺权力、金钱和美女，以团结一切可以团结的人；胜利后弄了个“杯酒释兵权”，剥夺了有功之臣的实际权力，把他们养起来过一种“腐败”的生活。最糟糕的可能要算洪秀全和杨秀清，一开始精诚团结，从胜利走向胜利，但还没等取得最后胜利，就闹矛盾，搞分裂，折腾出一个“天京之变”，大水猛冲了龙王庙，为天下人笑。

一句索马里格言说得好：“我和索马里反对这个世界；我和我的部落反对索

马里；我和我的家族反对我的部落；我和我的兄弟反对我的家族；我反对我的兄弟。”不到一定时候，我是不会反对我的兄弟的。这也就决定了：只要“我”还活着，别人和第三者就是兄弟，“我”根本没有翻身的机会——孰为“我”先下手乎？

分化第三者：必须的

理论要说服人，就必须彻底，就要把每一种可能性都考虑在内，绝不能百密一疏。先下手的确对“我”百害而无一利，但如果“我”极其特殊呢？这并非绝对不可能。无论体质，还是体力，“我”都高人一等，力拔山兮气盖世，不但把别人打倒在地，而且把第三者也打倒在地，他们俩都趴在地上向“我”注目致礼，哼哼叽叽，一脸媚相，嘴里还不停地叫“我”大爷，“我”傲视群伦，气吞万里。

遗憾的是，这不是“一万”，而是“万一”，“我”把别人、第三者同时打倒在地或相继打倒在地的可能性微乎其微。虽然“我”力拔山兮气盖世，但双拳难敌四手，毕竟“我”还不是三头六臂。即便真的有三头六臂，别人、第三者、别人并第三者不还可以对“我”智取吗？对人而言，老虎就相当于三头六臂，但是人却能降服老虎，力是不胜智的！

退一万步说，万一发生了，别人和第三者正趴在地上对“我”肃然起敬。说时迟，那时快，肃然起敬的注目礼变成令“我”寝食不安的难题：如何处理别人和第三者呢？难道让他们俩永远趴在地上哼哼叽叽地注目致礼？

不能让别人和第三者同时从地上爬起来，这意味着“我”的末日。极其可能，他们俩从地上爬起来后，同仇敌忾置“我”于死地。也不能让别人和第三者同时去见阎罗王，这意味着“我”的自杀，因为“我”又没了注目礼出品人。

既不能让别人死去，也不能让第三者死去，只要他们俩任一个死去，都意味着三角演义转变为一对一的注目礼争夺战——“我”和别人的注目礼争夺战或“我”和第三者的注目礼争夺战。这是新革命遇到老问题，前边已探讨，不重复。

怎么办？要获得别人优质的注目礼，第三者必须被分化，为“我”所用，而不是与别人一个“阶级”，以致最后从地上对别人不闻不问甚至满腔仇恨地爬起来。这不正是以理养大第三者吗？没错！“我”要有效分化第三者，显然不能再用暴力，而只有绞尽脑汁加费尽心机，而只有先投之礼、后报之以礼。

就是说，三角演义中，即便“我”真的力拔山兮气盖世——这完全是万一的二次方，把别人、第三者同时打倒在地或相继打倒在地，但如果要获得别人优质的注目礼，在最后的关口，“我”也必须以理养大第三者。

三角演义是理的角逐，养的演义，最后以理养大第三者仅只是万幸之侥幸而已。一拉开帷幕，就在养难逃，即便对别人大打出手，也必须首先以理养大第三者，为“我”所用！要不然，“我”胆敢对别人大打出手？另一方面，一旦以理养大第三者，“我”还会对别人大打出手？

退一万步讲，“我”以理养大第三者后对别人大打出手了，第三者难道不怀疑“我”在搞阴谋诡计：“我”是不是在玩各个击破的游戏，先把别人打倒在地，再把第三者打倒在地？

一旦有所怀疑，第三者会袖手旁观“我”对别人大打出手？显而易见，如果“我”以理养大第三者而对别人大打出手，第三者要下山摘桃，令“我”的如意算盘落空。

总而言之，“我”的力没有哪怕一方寸的用力之地，要在三角演义中赢得注目礼，唯有以理养人一条路。看来，第三者插足真是好，使“我”一步跃进到注目礼争夺战的高端，避免了以力服人的弯路。

多尔衮为什么能下山摘桃

中华历史上，蒙古族人和满族人都曾以绝对少数的人口入主中原。积百年纵横亚欧之威，蒙古人主要靠强弓劲弩，硬碰硬平定中原。满人虽然也有强弓劲弩，但主要还是以汉制汉，借力使力。尤其最初的入关，更是下山摘桃。

1644 年 3 月 19 日，李自成杀入北京紫禁城，崇祯帝自缢，明王朝覆灭。但“谁主沉浮”的问题并没有解决，此时有三支力量可以问鼎。第一当然就是李自成的农民军，人数最为庞大；第二要算多尔衮实际掌权的满清八旗，雄心勃勃；第三就是驻守山海关的明王朝总兵吴三桂的关宁铁骑，一夫当关，万夫莫开。

李自成与吴三桂原本心有灵犀，一者要招降，一者想投降。无奈李自成工作马虎，最后令已靠近北京的吴三桂打马返回山海关，决心血拼到底；其中可能也有所谓“冲冠一怒为红颜”的原因，但更主要是双方的信任没有建立。

就这样，双方在山海关附近摆开阵势。山海关虽固若金汤，但吴三桂兵少将寡，打不了持久战，不是李自成的对手。这就给了多尔衮可乘之机，尤其吴三桂主动求助，更令多尔衮胸有全局。据称吴三桂亲自上门后，多尔衮不禁感慨："天下在掌中矣！"但史料显示，当时并非要降，吴三桂与多尔衮谈的是清与明划黄河而治。

李自成自视甚高，没把吴三桂放在眼里，甚至也没考虑到满清铁骑，认为"鞑子"与明军仇杀已久，况远在满洲，必不相救。没想到多尔衮早知军情，早有准备。待李自成与吴三桂杀得差不多时，满清铁骑从天而降，毫无戒备的大顺军顿时乱作一团，有史记曰："一时之间，战场空虚，积尸相枕，弥满大野。"

三足鼎立

谢谢第三者

"三角演义"和一对一注目礼争夺战的区别在哪呢？至少"我"必须首先以理养大第三者，要不然，处处掣肘，注目礼远在天边，第三者近在眼前，这就是第三者插足"我"和别人的注目礼争夺战所平添的高难。

还不只是高难，一旦"我"首先以理养住第三者，三角演义就变成"我"和别人的注目礼争夺战，但也不能大打出手，而必须紧接着以理养大别人。即是说，"我"必须以理养大别人和第三者两个人。这才是第三者插足"我"和别人的注目礼争夺战所平添的特难，唯一感到欣慰的是，"我"也获得了第三者的大拇指。

"我"对自己只有一个脑袋瓜愤愤不平了，为把理弄到手，"我"必须夜以继日绞尽脑汁；为以理养大别人、第三者，"我"必须"日以继夜"费尽心机。更要命的是，别人、第三者的偏好可能不同，"我"必须准备两种不同的理来分别养大别人和第三者，不借一个脑袋瓜，行吗？

也不可否认，这使"我"的注目礼欲尽得更快，从而更快回到足乎己无待于外的家。孟夫子曰："尽其心者，知其性也。知其性，则知天矣。"意思可诙谐地解释为：一个人要是能经常动脑筋，以致把脑筋都用完了，就能更快地体悟人的本性，回归人的本真。

时过境迁，语言是发展的，不妨改写为："尽其注目礼欲者，知其性也。知其性，则知家矣。"就是说，一个人能以理养人，以至于把注目礼欲完全满足了，就能更快回归足乎己无待于外的家。"穷人的孩子早当家"，一个人早经历一大把风云世事，大抵能少年老成。

注目礼原本虚幻，"我"的心原本要炼，不炼不纯，不炼不真。第三者插足让"我"大炼特炼，谢谢哦！

三方博弈为什么复杂

有一种以气球为目标的投镖游戏，每个人都用飞镖攻击别人的气球，被戳破者出局，最后幸存的胜利。两个人参加，胜负很容易决出。一旦增加一个第三者，胜负就变得极其复杂。现假设三个人水平不一，老大、老二和老三的命中率分别为80%、60%和40%，谁最有可能获胜呢？

不要想当然地认为是命中率最高的老大，这里面会发生复合博弈：一开场，每个人都希望让两个对手中的强者出局，以确保自己的安全和轻松。于是，老大专攻老二，老二和老三专攻老大。这样，老大最容易出局，水平最差的老三最安全。

老大或许会开动脑筋，游说老二："咱们合伙把老三先灭了，这样你我胜算不都高了吗？"老二应该也不是死脑筋，心想："美死你！先灭了老三，你接下来不就灭我吗？"老大与老二的合作应该是死路一条。

老大可能进一步开动脑筋，游说老三："小弟，我不攻击你，你也别攻击我，否则，我将不顾一切回击你！"老二或许不至于坐以待毙，也威胁老三："老弟，咱们都是弱者，且不说互相照顾，但至少应该保证：我不攻击你，你也别攻击我。老弟不给面子，我将全力回击你！"

谁会获胜呢？老大的脑筋还得不停地开动下去！这就是第三者插足所导致的难上加难。据称，这是《美国数学月刊》所登载的一道数学题。

“我”为什么难做好人

有必要再总结一下“我”。“我”性本善，这已没疑问。注目礼争夺战的最后，“我”足乎已无待于外，还别人于别人，不仅不需要别人注目致礼，反而慷慨大方地向别人注目致礼。要不是性本善，这一切能发生吗？稀缺的化解，均衡的实现，以力服人的超越，真心爱人的时候，自由民主的境界，一个字：善！

虽然“我”性本善，但“善”位于注目礼争夺战的最后，在人性的最深处，此之谓“本”；说白了，善只是一种潜在的可能性。潜在不是现在，可能更不是现实。实际生活中，“我”完全可能是大懒虫一只，哪管得什么善不善呢？

战国的时候，赵国有位大将军，叫廉颇。长平战败，赵王问责，廉大将军一时失势，门客一个个出走，一个也不留。不久，赵王重新起用廉大将军，门客又一个个回来，一个也不少。此情此景，廉颇一声叹息：人啊人，情比纸薄，怎么这样劣呢？一个门客回答：您现在才知道呀！人皆势利，交如市道。你有势，我们就来；你没势，我们就走。这是人情常态，有什么好奇怪的呢？

的确，“我”就是这样的人，一切从眼前出发，滚善的蛋！尽管大打出手冒着死亡危险，以力服人三下五除二，何乐而不为！哪管得别人的死活？哪管得注目礼的质量？哪管得“我”的日后？得欢乐时且欢乐，作为大懒虫的“我”，动辄大打出手最自然不过。路易十四恶人快语，说过一句狠话：我死后，哪管它洪水滔天！“我”的座右铭是：“我”打后，哪怕它洪水滔天！即便“我”自杀，也管不得！

有关方面在网上作过一次关于腐败的问卷调查，问题是：如果你有腐败的条件，但腐败了就可能受到惩罚，你怎么办？答案有四项：不腐败；腐败；坚决腐败；无法确定。结果选择“坚决腐败”的占到参与调查者的70%。瞧，这就是“我”，哪管得事后的惩罚！

千钧一发，当“我”要对别人大打出手时，第三者大驾光“插”，“我”不得不猛地一缩手，真可谓“放下屠刀，立地成佛”。面对第三者，不管“我”身体多强壮，力量多强大，“我”都不得不以理养人，从而让“我”尽注目礼欲，回归足乎已无待于外的家，进而也让别人回归足乎已无待于外的家。

——第三者插足好！第三者是“我”的监督者，是别人的保护神。如果没有第三者，别人被“我”打死，“我”被别人气杀，抑或“我”和别人在打成一片中同归于尽，一切荡然无存。注目礼争夺战中，如果没有第三者，充其量是“我”和别人在体力相当时维持一段短暂而又不稳定的冷和。

这就是关于“我”的两大定论：“我”性本善——本质上是善良的；“我”性实懒——现实上是懒惰的。要使“我”从实懒到本善，没有别的办法，唯有让第三者插足，使“我”根本不敢懒惰，从而不致堕落，进而一步步向善良靠近。

有一个事实不得不指出：“我”更容易做的是坏人，而非好人，这个世界上的好人相当大程度上甚至绝大多数时候都是逼出来的，自觉的好人几稀！18 世纪的英国哲学家大卫·休谟曾表示：“把每个人都设想为无赖之徒，确实是条正确的政治格言。”如果不是盖棺论定的话，并不过分，反而非常必要。

“满墙都是屁，为何墙不倒”

暴力无效用，但并非力量没作用。一对一的注目礼争夺战中，如果“我”和别人力量上悬如天壤，以力服人的选择就难以淘汰；如果“我”和别人力量上半斤八两，以力服人的选择会迅速淘汰。三角演义中，以力服人的选择一出手就下课，原因正在于力量的牵掣，第三者插足正是另外的力量的介入。

“我”是围绕“我”的一种圆运动，从伦理学上讲，这是人性自利；从力学上看，这就是力量，一种向“我”的力量。天下熙熙，皆为利来；天下攘攘，皆为利往。也可以说，天下就是熙熙攘攘的力量交错。如果力量与力量之间没有牵掣，岂不是某一向力量泛滥成灾，甚至整个宇宙趋于“热寂”？正因为不只是某一向力量，宇宙总是生生不息。

有说法把经济学称为“社会物理学”，实际上，完全可以把注目礼争夺战理解为力学。“我”需要别人注目致礼，不就是“我”需要推动吗？同样道理，别人也需要别人的推动。如此类推，最后必定存在亚里士多德所谓的“第一推动者”，推动别人，但不被别人推动，即注目礼争夺战的均衡。力学的逻辑完全适用于注目礼争夺战的演绎。

俗话说得好：没有压力，就没有动力。从大的到小的，从旧的到新的，从有形的到无形的，从美好的道德到技术的创新，以至合理的制度，这个世界上的好东西绝大多数都是逼出来的。

高楼大厦是建造的吗？世界最高建筑之一的马来西亚双子塔在竞赛中拔地而起，日本公司建一塔，韩国公司造一塔，你追我赶的。联合国是成立的吗？第一次世界大战还不够，只打出个国际联盟，稍息之后，第二次世界大战再逼一次，终于打出联合国来。

人们都在逼和受逼，人每天都刷牙，没有压力，牙膏都不会出来。正是在逼与受逼之间，秩序生矣，美好来矣！诚如一首讥讽在墙上题字留诗的打油诗所云："满墙都是屁，为何墙不倒？两边都有屁，所以撑住了！"没有逼，没有对手，没有压力，没有对立面，生命都会枯萎。

> 在日本北海道，有种味道珍奇的鳗鱼。由于生命脆弱，鳗鱼一离开深海区，要不了半天就会死亡。但一老渔民却总能让鳗鱼活蹦乱跳地回港，由于活鱼价格高，老渔民成了远近闻名的富翁。秘诀何在？原来，在整舱的鳗鱼中，老渔民总要放进几条狗鱼。狗鱼原本是鳗鱼的对头，但在成舱的对头面前，也只有四处乱窜的份儿，但恐吓鳗鱼足矣。就这样，一舱死气沉沉的鳗鱼被激活了。

看来，不只是"我"性实懒，一切生命都有惰性。为了生命的本真，让"我"们一起呼唤对手、感恩第三者吧！

剪刀、石头、布

众所周知，不在一条直线上的三个点确定一个平面。为什么是三个点而非不在一条直线上的四个点或更多的点确定一个平面呢？不知道几何学家是否深思过。

三角演义中，"我"的力没有哪怕一方寸的用武之地，要赢得别人的注目礼，唯有以理养人一条路。"我"在，别人在，第三者在，只要三方俱在，谁都甭想大打出手，以力服人。这就是不在一条直线上的三个人确定一个均衡，非终极意义的均衡，相当于现有经济学最一般化的均衡，可称之为"三足鼎立"。

所谓不在一条直线上的三个人，就是三个人没有任何的串通，"我"和别人没有任何的串通，在第三者插足注目礼争夺战之前，"我"与第三者也没有任何的串通，别人与第三者也没有任何的串通，"我"、别人、第三者是完全任意的。

不在一条直线上的三个人确定一个均衡，应该算个新提法，尤其用成本与效益的经济学逻辑从"我"出发，步步为营地演绎出来，现场感足，新鲜味浓。但也不算什么新概念，西方政治学中，对三足鼎立亦或多或少有所认识。毕竟都在观察和琢磨人世的道理，不是说"愚者千虑，必有一得"吗？更何况西方思想源远流长，无所不考。事实上，早在古希腊时期，亚里士多德就注意到三脚凳的稳定性。

应该说，西方政治学对三足鼎立的认识，集中反映在分权制衡，尤其被誉为西方现代文明基本政治制度的"三权分立"。所谓三权分立，简单说，就是权力设置上不搞一方大权在握，而是实行立法权、行政权和司法权三权制衡，哪一权都有权，但哪一权都有限，而且哪一权都不得越权。

实施中，由于具体情况的不同，三权分立存在不同的形式，有总统至上制，如美国；也有议会至上制，如英国。“革命先行者”孙中山根据中国历史的实际，曾提出“五权共和”，在立法权、行政权和司法权之外另设监察权和考试权。但无论什么形式，也不管三权还是五权，共同的本质应该都在分权制衡。

分权制衡的思想古已有之，但最先明确论述三权分立的，应该是17世纪的英国哲学家约翰·洛克。为协调英国长期以来就存在的议会与国王的矛盾，洛克提出立法权、行政权和对外权分别由不同的国家机构来掌握，其中立法权由议会行使，对外权和行政权由国王行使，但要根据议会的决定，实际上是“两权分立”。

三权分立成熟于18世纪法国政治学家查理·孟德斯鸠，在《论法的精神》中，孟德斯鸠不仅明确界定出立法权、行政权和司法权，而且还精彩地阐述了分权制衡的思想，其中有一句话常常被引用：“一切有权力的人都容易滥用权力，这是万古不易的一条经验。有权力的人们使用权力一直到遇有界限的地方才休止。”

实际上，三权分立是人人都玩过的游戏，想一想“剪刀、石头、布”吧。谁都可以牛，但谁都不可以牛气冲天，石头不能牛气冲天，因为有布作为石头的克星；布也不能牛气冲天，因为有剪刀作为布的克星；剪刀也不能牛气冲天，因为有石头作为剪刀的克星。

两个人玩剪刀、石头、布的游戏，必定存在一个可牛气冲天的人，或是石头对剪刀牛气冲天，或是剪刀对布牛气冲天，或是布对石头牛气冲天。这也正是人们常以剪刀、石头、布来决断某一些争论不休的事情的原因，如酒桌上的酒谁喝，要甲喝，甲推说喝不进了；要乙喝，乙推说喝不下了。怎么办？猜拳！甲是石头，乙是剪刀，石头砸剪刀，乙不得不喝。

这也正是丑小鸭很生气的原因。一次与螃蟹赛跑，一起到达终点，难分胜负，裁判小虾说：“你们来个剪刀、石头、布吧！”丑小鸭大怒：“娘的，算计俺！俺一出总是布，他螃蟹总是剪刀。”

中华文化为什么崇尚三

任意的“我”和别人，力量失衡是难免的。即使力量相对平衡，一对一的博弈也总是让“我”抱有侥幸心理，容易以力服人。重要的是第三者插足，三方博弈天然地趋向平衡。

有意思的是，在数字上，中华文化特别崇尚三。天地人三才，日月星三光，八卦三画而成，《周易》讲“筮不过三”，最有影响的儿童启蒙读物就叫“三字经”。诸如此类，不胜枚举。太史公更是从理论的高度指出：“数始于一，终于十，成于三。”

中华文化为什么崇尚三呢？董仲舒曾解释说：“三起而成日，三日而成规，三旬而成月，三月而成时，三时而成功；寒暑与和，三而成物；日月与星，三而成光；天地与人，三而成德；由此观之，三而一成，天之大经也。”显而易见，这充其量算个现象学的解释，似乎不足为道。

一代大儒陆九渊对所谓的“三极之道”也作过一番解释，一生二，二生三，就这么简单。不论什么东西，都必定有上下、左右、前后、首尾、背向、内外、表里，这就是一生二。二紧接着就生三，因为有上下、左右、前后、首尾、背向、内外、表里，就必定有中间。中间与两端加一起，不就是三吗？这或许算得上是一个本体论的解释，还饶有趣味，但似乎也缺乏说服力。问题是：三紧接着会生四，四紧接着会生五，以至于无穷。可中华文化为什么独崇尚三呢？

根本的原因可能在于三足鼎立。中华文化可能没有“欧氏几何”那么直白，明白点出不在一条直线上的三个点确定一个平面的几何学道理，但博大精深的中华文化应该不至于不知道不在一条直线上的三个人确定一个均衡的政治哲理。随便在乡下找一个老农，他可能不懂得三足鼎立之理，但肯定清楚地知道三角之戏，比如说《三国演义》。

《三国演义》之所以为人津津乐读且津津乐道，原因就在于宏观上就不是两军对垒，而是三角演义，而且三角搭配不对称。曹操被认为最有实力，刘备被认为最有道义，两者之间夹一个孙权，恰巧南阳又出了个诸葛亮，于是合纵连横，好戏连台，一演就是几十春秋。要是没有非对称，要是没有诸葛亮，要是没有真正的三足鼎立，魏蜀吴的演义即便精彩，也大打折扣。这或许也是“成于三”吧！

有人可能要愤愤不平：中华文化不也崇尚五吗？的确，“阴阳五行”几乎成为中华文化最通俗的符号，妇孺皆知。这可能得归功于与民生亲密接触的中医，它直接以阴阳五行为基础，而且玩来玩去的就是阴阳五行。这难道不表明中华文化更崇尚五而非三吗？

太极生阴阳，这已是老生常谈，可阴阳的二怎么到金、木、水、火、土的五的呢？一般把五行理解为组成世界的五种物质及其运动，大可阙疑，与其说金、木、水、火、土是五种物质，不如说是五种性质的代号，属于抽象，而非具象，就像“剪刀、石头、布”也只是游戏中的代号一样。一部叫《剪刀、石头、布》的电视剧曾提出：剪刀代表锐利，石头代表固执，布代表宽容。五行实质上也是五种性质，所谓“水曰润下，火曰炎上，木曰曲直，金曰从革，土爰稼穑”。

有意思的是，《说文》云：“五作‘×’，五行也，从二，阴阳在天地间交舞也。”显而易见，这是直接从二推五。可怎么从二到五的呢？关键可能就在三！五行学说最重要的特征是五行的既相生又相克，即“五行制化”。殊不知，所谓五行制化，就是五组三角演义：

木克土，土生金，金克木。
火克金，金生水，水克火。
土克水，水生木，木克土。
金克木，木生火，火克金。
水克火，火生土，土克水。

在注目礼争夺战中，假设“我”属水，别人属火。水火不容，水是克火的，别人怎么办呢？火可以生出一个第三者——土，而土是克水的，于是就成了“我”、别人、第三者的相生相克，谁都不能牛哄哄，这不正是注目礼三角演义吗？

第七章

“我”要如何当好领导

领导三角

三角为“我”所用

为分析和论证的方便，上一章主要把第三者作为旁观者。但事实上，第三者插足注目礼争夺战，并非来旁观和监督的，第三者也是“我”，此来没有别的目的，就是要获得别人的注目礼，当然也包括“我”在内。

不再把第三者当做“我”和别人之外的一个点，而是把三者之间的线段连接，就真正得到一个“我”、别人、第三者的三角形。真正的三角演义是在三角形上展开，共三场注目礼争夺战：“我”和别人、别人和第三者、第三者和“我”。“我”必须同时进行两场注目礼争夺战：“我”和别人、“我”和第三者。

更要命的是，“我”还不能对别人和第三者的注目礼争夺战坐视不管，因为这与“我”紧密相关，直接影响到“我”。最简单的，假如第三者对别人大打出手，那“我”就必须考虑他把别人打倒在地后，是不是也要对“我”大打出手？总而言之，由于三场注目礼争夺战都不得不介入和参与，一“我”多用，“我”必须总揽全局，运筹帷幄，向诸葛亮同志学习。

但挑战往往也是机遇，危机常常更是转机。与其说三角演义是新的挑战，不如说是更好的乃至新的机遇。至少三角演义自然而然防止了暴力，正是“我”甩开膀子豁出去大干一场的时候：不获得别人和第三者的注目礼，“我”誓不为人！

“我”同时进行两场注目礼争夺战，无疑加重了“我”的负担，但也存在一个对“我”极其有利的条件，那就是三角演义天然存在一个矛盾——别人和第三者的注目礼争夺战。只要“我”善加利用，完全可以轻而易举地获得别人和第三者的注目礼，权力意志根本不会有饥饿的时候。

兹举一例，假设第三者体质稍强而别人体质稍弱，一方面，由于体质与体力不一定对称，未进行以力服人的博弈之前，他们俩并不知道谁的体力更大。另一方面，他们俩也不知道对方是否要暴力征服自己。对这两个问题，在别人和第三者的注目礼争夺战开打之前，由于信息未公开，他们俩充其量只是有一些隐约的感觉。

力在“三角演义”中没有哪怕一方寸的用武之地，就目前而言，这或许还只是“我”悟得的宝贵经验，第三者不一定明白，别人也不一定明白。所以也只表示“我”在征服别人、第三者时不会使用暴力，并不意味着别人和第三者的注目礼争夺战一开始就排除了以力服人的可能。

或许第三者看到自己体质稍强，本能地企图以力服别人，但又缺乏绝对制胜的把握。此情此势，第三者可能想到“我”，主动向“我”注目致礼，对“我”展开公关，以理养“我”，希望“我”站在他的立场上，以便他在对别人大打出手时，“我”能视而不见，甚至万一他处于下风，“我”能站出来助其一臂之力。

别人看到自己体质弱一些，尽管体力不一定相应地弱，但还是害怕第三者对他大打出手。此情此势，别人更可能想到“我”，主动向“我”注目致礼，对“我”展开公关，以理养“我”，希望“我”站在他的立场上，以便第三者对他大打出手时，“我”能路见不平一声吼，该出手时就出手。

总而言之，三角演义中，在“我”还没有展开以理养人争夺注目礼之前，也不管别人和第三者的注目礼争夺战会怎样进行下去，“我”都可能让他们俩自然而然地想到，而且送注目礼上门，拉“我”下水，为“我”以理养人提供极其便利的条件。

这正是政治游戏关键靠“三”的原因，大政治家都高度懂得并能够娴熟运用“三”。尤其势单力薄时，政治家都应该能够寻求、构造和利用政治三角，从而以小博大，以弱胜强，甚至反败为胜。也可能正因为这一点，《毛泽东选集》第一卷第一篇第一句就说：谁是我们的敌人？谁是我们的朋友？这个问题是革命的首要问题。敌人、我们、朋友，三角呼啸而出。而且毛泽东能够从一切地方看出三来，《中国社会各阶级的分析》写道：无论哪一个国内，天造地设，都有三等人，上等，中等，下等。即便敌人内部，毛泽东也是一分为三，见缝插针，为“我”所用。《论反对日本帝国主义的策略》指出：我们要把敌人营垒中间的一切争斗、缺口、矛盾，统统收集起来，作为反对当前主要敌人之用。

无私会怎样实现自我

由于存在别人和第三者的注目礼争夺战，“我”根本无须像在一对一的注目礼争夺战中那样先向别人投之以礼，一开始“我”就似乎高他们俩一等，虚荣得到一定的满足。而且多收三五斗，还有了别人、第三者的把柄，因为“我”已掌握他们俩互不了解的信息，如果“我”三角手腕强悍，完全可以利用送上门来的信息来做驾驭和控制。

当然，“我”不能扬扬得意，甚至真虚荣起来，陶醉于别人、第三者的送礼上门，而必须充分利用送上门来的信息，迅速展开以理养人的工作。首先当然就是要求他们俩放弃以力服人。这一点应该不难，毕竟双拳难敌四手。如果别人不承诺放弃暴力，“我”就与第三者一起威胁，让他难堪，甚至给他点颜色看看；如果第三者不承诺放弃暴力，“我”就与别人一起威胁，让他难堪，甚至给他点颜色瞧瞧；如果别人、第三者异口同声不愿意放弃暴力，“我”就给他们俩来一课，讲一讲以力服人为什么不可取。

如果“我”力不能服人的说理推销工作不奏效，别人、第三者的“花岗岩脑袋”没有窍，也不开窍，硬是不放弃暴力，非得一较力之高低，也可让他们俩在“我”的监控下进行一次以力服人的注目礼争夺战。谁赢，谁就获得注目礼，但下不为例。“我”相信，事情弄到这一步，他们俩都会愿意放弃暴力。如果赢者扬扬得意，自以为力拔山兮气盖世，那“我”就与输者一道威胁，让他放弃以力服人。

一旦别人和第三者都放弃暴力，三角演义就达到以理养人的状态：“我”要获得别人的注目礼，必须以理养大别人，反过来也同样成立；别人要获得第三者的注目礼，也必须以理养大第三者，反过来也同样成立；第三者要获得“我”的注目礼，也必须以理养大“我”，反过来也同样成立。“我”、别人、第三者其养融融。

实际上，“我”不只是应该迅速展开以理养人的工作，更应该选择把自己贡献出来，专门协调别人和第三者的注目礼争夺战，而暂时放弃“我”与他们俩的注目礼争夺战。三角演义一开始，他们俩不都不约而同想到“我”，并且送虚荣和信息上门了吗？“我”不妨顺水推舟，大胆一把，勇气一把，把自己贡献出来，成人之美。

一旦“我”选择奉献自己，即等于为三角演义装备一个固定的注目礼出品人，稀缺形势大大缓和。即便别人、第三者暴力成癖，为获得对方（他们俩互为对方）的注目礼动不动就大打出手，但也会因“我”注目致礼而情绪上有所缓和，尽管他们俩目前还没有获得对方的注目礼。

此中情理正好比张三和李四两个人因某事吵架，气冲冲地找公证人王五评理，王五由于不在利益纠纷之中，当然宽宏大量，各安慰一顿，在张三面前说李四有些不对，从而给张三一个面子；在李四面前说张三有些不好，从而给李四一个面子，你们都坐下来，咱们有话好好说。只要王五这么一来，张三和李四的情绪必定有所缓和，尽管实际纠纷根本还未触及。

如前边所论述的，“我”也曾作为固定的注目礼出品人：为获得别人的注目礼，“我”对别人大打出手，第三者路见不平，和别人联手，最后把“我”打倒在地，别人再踏上一只脚，“我”不得不乖乖地向他们俩注目致礼，直到“我”闭上眼睛向阎罗王注目致礼为止。

这完全是被动的，与“我”主动选择奉献自己不可同日而语。被动的情况下，“我”孙子一个，今之所以主动奉献自己，是因为别人和第三者都不约而同想到“我”，并且送虚荣和信息上门。这哪是做孙子可媲美的呢？一定程度上，“我”已经高别人、第三者一等，愿意虚荣的话，完全可以在心里面美滋滋地享受：“我”是最有价值的，领导着别人和第三者。

“红娘”是怎么来的

男女授受不亲，可阴阳结合天经地义，最终男女怎么走到一起的呢？这就是媒！《说文》云：“媒，谋也，谋和二姓。”可媒人为什么常被唤作“红娘”呢？原来是纪念一个人，这就是《西厢记》中的小丫鬟红娘。

《西厢记》中最具光彩、最有韵味的美好人物，当属红娘。不仅聪明活泼，而且有胆有识，更重要的是，红娘善于牵针引线，还具有难能可贵的牺牲精神，而且敢冒皮肉之苦担当公正，以至老夫人最后也赞叹：“贤哉，红娘之论！”没有红娘，崔莺莺和张君瑞根本不可能有情人终成眷属。据称，汤显祖也对红娘大加赞叹：“有二十分才，二十分胆。有此军师，何战不克？”

用注目礼争夺战的话语讲，红娘属于第三者，无涉崔莺莺和张君瑞的恋情，一心一意成人之美，遂成千古佳话。事实上，同时流传的还有个歇后语：“红娘挨打——成全好事”。三角演义中利益最大化的选择是什么？红娘就是答案！

渔翁不得利

遗憾的是，“我”不一定选择奉献自己。放弃注目礼争夺战，专成别人和第三者之美，岂不成了“电灯泡”？“我”是注目礼人，之所以步入社会，目的就在注目礼，而今什么都没开始，更什么都没捞着，就叫“我”当电灯泡，人道何在？就像一对一的注目礼争夺战中，“我”很难迈出先投之以礼那一步，三角演义中，尽管有领导别人和第三者的虚荣，“我”也很难迈出奉献自己这一步。

究竟“我”会不会选择奉献自己，得看当下的境界和高度，通俗点讲，得看“我”当下的局有多大，对自己的利益算计是不是清晰。有道是：思路决定出路，格局就是结局。如果“我”的局不够大，就看不清自己最大化的利益在哪儿、是什么、如何选择。

最简单地讲，如果“我”不能对“三角演义”通观全局，无视别人和第三者的注目礼争夺战，甚至都不知道第三者的插足，念兹在兹的就是自己那一点点注目礼，怎么可能作出利益最大化的选择呢？“将军赶路，不追小兔”——之所以不追小兔，是因为将军腹有良谋，正向着更大的目标和利益稳步迈进。

可以肯定，如果“我”尚处于以力服人的初级阶段，绝对不可能选择奉献自己，初级阶段的“我”现实上也做不了领导人。那是不是还存在其他的选择呢？除了奉献自己、做领导人之外，“我”的确还有另外的选择，而且十分轻闲，这就是做“渔翁”。

“鹬蚌相争，渔翁得利”——所谓做渔翁，就是“我”完全不介入别人和第三者的注目礼争夺战，尽管他们俩不约而同想到“我”并且送虚荣和信息上门，但“我”漠然置之，袖手作壁上观，甚至还跷起二郎腿来。

可渔翁是不是能轻松得利呢？力在三角演义中没有哪怕一方寸的用武之地，就目前而言，这可能还只是“我”悟得的宝贵经验，第三者不一定明白，别人也不一定明白。假设第三者体质稍强，自我感觉良好，首先对别人大打出手。如果别人被当场打死，那“我”就成了第三者的对方，面临他的暴力威胁；如果别人尽管体质稍差，但体力并不差，反而把先下手的第三者当场打死，那“我”就成了别人的对方，而且“我”刚才对第三者要对他大打出手不闻不问，道义上就输他一招，更加之他刚才打出了自信和威风，“我”面临的暴力威胁更大；如果别人和第三者因大打出手而同归于尽，那“我”就没了注目礼的出品人，更不符合“我”的利益最大化。

显而易见，渔翁易做，但对“我”百害而无一利。“我”或许乐得一时清闲，但换来的却是麻烦，乃至威胁，甚至死亡。不是为了别人，也不是为了任何人，而只是为了“我”自己，“三角演义”中，渔翁万万做不得，“我”必须介入别人和第三者的注目礼争夺战，更绝不能“看热闹不嫌事儿大”。

还存在别的选择吗？奉献自己、做领导人是对三角演义总揽全局，做渔翁是对别人和第三者的注目礼争夺战作壁上观，如果还存在别的选择，那就是偏好他们俩中的一个，比如偏好别人，而对第三者抱有成见，进而与别人一起挤对第三者。这明显不是“我”利益最大化的最佳选择，第三者一旦被挤对，“我”凭什么来平衡别人？

即是说，奉献自己、做领导人是“我”在三角演义中利益最大化的唯一选择，其他种种都导致“我”的利益受损。更明确地讲，三角演义中，不能等到别人或第三者送礼上门拉“我”下水时，“我”才以理养人，而是“我”必须主动做领导人，主动出养，使别人、第三者尽可能早地放弃以力服人。万一别人、第三者因过分自信而贸然出手，导致人员死亡，不管是谁，都损害“我”在三角演义中的利益，有时候甚至直接要“我”的命。当然，“我”也可以在别人和第三者打作一团时恰到好处地下手，目的是使他们俩更迅速也更彻底地放弃以力服人。

从“我”个人的角度看，奉献自己、做领导人是“我”利益最大化的最佳选择。从三角演义全局讲，不在一条直线上的三个人确定一个均衡，均衡要保持稳定，乃至持续发展，也必须依赖领导人，没有领导人的三角演义不稳定，容易重新回到以力服人，甚至出现死人，退到一对一的注目礼争夺战。

韩信为何没有好下场

楚汉相争有一段时期，刘邦吃不了项羽，项羽也灭不了刘邦，势成胶着。有个人于是举足轻重，这就是先在项羽手下打工、后在刘邦帐下挂帅的韩信。刘邦政治头脑清醒，此情此势，怕韩信有变，连忙封王许愿，让他做齐王。

项羽也想动一动韩信的“奶酪”，派手下一个叫武涉的谋士找上门去，企图劝反，至少希望韩信中立。史书记载，武涉对韩信说，当今二王之事，权在足下，足下左投则汉王胜，右投则楚王胜。无独有偶，韩信自己帐下一个叫蒯通的谋士也说过几乎一样的话。意思是说，三足能立鼎，你韩信该不该插一足呢？

武涉和蒯通的分析与说法颇有道理，刘邦和项羽已杀红了眼，不可能居中而立，偌大的优势“砸”在韩信的头上，既可以中立着当一个渔翁，让刘项先互相消耗，自己等着收拾残局，这是次优选择；也可以中立着做一个领导人，刘项相争拖累天下，为苍生计，我韩信现站出来主持公道，谁要再打，我就打谁，一下子就居高临下了，这是最佳选择。

遗憾的是，韩信心存妇人之仁，没有选择中立。天下于是就没有渔翁，更没有领导人，暴力滔滔。结果项羽被刘邦所灭，狡兔死，良狗烹，韩信能有什么好下场呢？最后被吕后所杀，并遗祸三族，临刑前一声长叹：“吾悔不听蒯通之计，乃为女子所诈，岂非天哉！”

无我而我

为什么必须三方共存

三角演义中，做领导人是“我”利益最大化的最佳选择。可如何做领导人呢？难道就是奉献自己这么简单？

让别人和第三者放弃暴力只是第一步，接下来“我”必须拿出理并推销出去。就好比公证人王五让张三和李四坐下来后，必须能够具体分析事理，而且永保中正。要不然，王五就当不好公证人，相反有可能得罪人，不是得罪张三，就是得罪李四。甚至可能出现最坏的情况：两个当事人都得罪了，张三李四不吵了，掉转炮口，齐声指责和攻击王五：“没你这样做中间人的！”

毫无疑问，“我”必须在理上狠下工夫，绞尽脑汁把理弄到手，费尽心机把理推销出去。为方便驾驭别人和第三者，“我”完全应该高树红旗，甚至也弄个“福布斯排行榜”之类，看他们俩在“我”的理路上谁成长得更快，谁快，谁赢得注目礼。

有一点必须注意：无论“我”怎样以理养大，都必须让别人和第三者的矛盾永远存在，赤裸地讲，就是要令他们俩对“我”产生“药物依赖”。要是别人和第三者的矛盾没了，比方说，由于“我”没有以理养好，他们俩爆发了暴力冲突，一个被打死，三角演义就变成一对一的注目礼争夺战，而且“我”就是其中的对方。既然是对方，还做什么领导人呢？所以说，“我”必须善于以理养人，还必须养得让别人和第三者对“我”产生“药物依赖”。所谓领导人，不就是大伙儿都需要依赖的人吗？

并非“我”有意永保别人和第三者的矛盾，人为制造“药物依赖”，而是他们俩原本就是注目礼争夺战的当事方，矛盾与生俱来。在“我”以理养人的过程中，在成长的快慢和质量上，他们俩的确会存在差距，不是这样的差距，就是那样的差距。这一切都决定了别人和第三者的矛盾会在相当长的时间内持续存在，“我”根本无须故意永保，秃头上的虱子——明摆着。

如果“我”不善于以理养人，甚至糟糕到像公证人王五那样，竟让原本你死我活的张三、李四铁板一块，不但作不了领导人，反倒有可能成为别人、第三者的注目礼出品人，孙子一个，乖乖向他们俩注目致礼。不能以理养人或不善以理养人，结局与三角演义中对别人大打出手可能没什么两样，甚至更惨。

做领导一定要有主心骨，不能被某一派所挟持，也不能对某一派抱成见，以至沦落另一派之中。一旦“我”左或右，三角演义就可能失去均衡，不是左乘势吞掉右，就是右乘势吃掉左，成为派性斗争的舞台，而原本应该领导三角的“我”成为派性斗争的棋子。这是极其危险的，如果只有两方，不管具体情势如何，“我”都谈不上领导。只有三方共存，才谈得上领导，切记！

夫子云：君子群而不党。即是说，有道之士，团结他人，但不结党营私。中华语文中，一“党”字似乎就没好意，组词亦多贬，比如“党羽”。繁体“黨”就是“尚黑”，打娘胎里落地，就不是什么好东西，《说文》云：“党，不鲜也，从黑，尚声。”结党的确可以营私一时，但从总体或长远看，正是自去领导之势，孤立他人实是孤立自已。岂不慎乎？

为什么领导不可或缺

有一个比较敏感的问题：做领导人是否需要力量？如果有力量的话，能否使用力量？

答案其实已三番五次申明过，以力服人，何谈领导？做领导人确实不使用力量，原则上完全拒绝暴力。但并不意味着“我”没有力量，不需要力量。很简单，要是没有力量，别人或第三者对“我”大打出手，“我”咋办？跪地求饶，还是走为上计？不以力服人，是不用暴力进攻，防卫力量还是需要的。

从最安全的角度考虑，做好领导人，“我”的力量还不能太弱。道理很简单，一点实力都没有，凭什么“我”来领导？诚如有政治人物曾说到的：“就羊跟老虎来讲，羊说我包容你，没什么意思嘛！”

即便“我”领导艺术高强，就像宋江那样，并没有什么身手，却位列一百单八条好汉之首，但如果力量过于软弱，一者别人、第三者随时可能挑战“我”的领导人地位，一者“我”自已可能也会缺乏领导人的底气，甚至还会对别人、第三者不敢信任。即便宋江，也还是具有能力纳“投名状”的，杀了个女人。

实际上，领导三角中，有时候还需要“我”直接出手，比如别人、第三者死活要以力服人，“我”再不给以颜色，行吗？不使用力量是原则上不动武，具体到战术上，该出手时要出手，该出手时能出手。这一点也要求“我”不能力量过于软弱，胸有百万雄兵应该鼓励，手无缚鸡之力不可提倡。

总而言之，“我”应该是有实力而原则上不用武的圆融。打趣说，领导人正好比玉。人们常常说“玉石”，实际上，玉是玉，石是石，玉与石是有区别的：玉有石的坚实，石无玉的通透；玉有石的刚劲，石无玉的温润；玉有石的质地，石无玉的细腻。夫子云：“君子比德于玉。”真良言也！

从个人角度看，“我”是有实力而原则上不动武的圆融；从全局角度观，三角演义是制衡与领导的统一。由于第三者插足，力在三角演义中没有哪怕一方寸的用武之地，这就是制衡，根在制衡；但如果没有领导，三角演义就停滞于单纯的制衡，极端不稳定，随时可能重新回到以力服人，这就是领导，本在领导。

尽管领导是制衡所逼出来的，但只讲制衡而不讲领导，行不通！任何一个组织，大到国家，中到企业，小至家庭，微至二人组合，要保持旺盛的生命力，都必须要有领导人。很简单，人们通常也谈到，君子与君子在一起必定是和谐的局面，小人与君子在一起能够是和谐的局面，小人与小人在一起必然是争斗的局面——没有超越者，没有大谋者，除了争斗，还能干啥？

三角演义是制衡与领导的统一，广义扩展开去还可得到：社会秩序是法治与人治的统一，法治是基础，人治是灵魂。法治常被抬举到神圣的地步，殊不知，法治正是通过人才得以降临，诚如被誉为20世纪影响最大的法哲学家拉德布鲁赫所说：“法律借助于法官而降临尘世。”另一句西谚似乎更鲜明：“法官是仅次于上帝的人。”当然，没有法治断不可行，孟夫子说得全面：“徒善不足以为政，徒法不足以自行。”

这正是西方政治学的三权分立不及三角演义的地方，三权分立可作为对三足鼎立的认识，但实质并不构成真正的三足鼎立，它是人为设置的分权制衡，没有接下去的演绎，无所谓领导，无所谓领导人不可或缺，不是真正有生命力的三足鼎立，纯粹属于技术操作。

不在一条直线上的三方确定一个均衡，这不是人为设置的三足鼎立，乃注目礼争夺战的博弈演进自然演绎出来的，而且还可以继续往深处演绎，仿佛一个生命——原本就是从“我”对成本和效益的算计而来的嘛！如果说三权分立，三角演义正是活生生的三权分立。

全心全意为人民服务

不能防卫自己，不能超越制衡，不能保三方共存，根本就无所谓领导，三角演义即告崩盘。但真正领导起来，还需要一系列高素质，如高瞻远瞩、宽宏大量、总揽全局、协调两方、戒急用忍、纵横捭阖……领导三角谈何容易！

白衣秀才王伦原本是梁山泊创始人，已是多年的寨主，但后来各路好汉投奔聚义厅，他不仅没能随风飞扬，反倒沦为林冲的刀下之鬼。何也？林冲的话或许耿直，却是实情："这梁山泊便是你的！你这嫉贤妒能的贼，不杀了，要你何用！你也无大量大才，也做不得山寨之主！"瞧，就因为没有雅量，不但不能做领导，反而连小命也赔上了。

不妨回忆一下"我"是如何做上领导人的，如果"我"甘愿放下注目礼，一心成别人和第三者的美，一意成为他们俩的依赖，"我"即自动成为三角领导人。当上领导人，靠的就是一门心思奉献自己；做好领导人，接着再一门心思奉献自己——无他！

实在讲，最初当上领导人还只是"我"虚荣心发作，别人、第三者承认了吗？这年头，东风吹，战鼓擂，谁服谁呀！但只要"我"真的一门心思，再接再厉奉献自己，随着"我"对别人、第三者的成全越来越大，他们俩对"我"的依赖越来越强，有朝一日，他们俩必定公认"我"为领导人，心悦诚服，甚至为"我"加冕。

蓦然回首，谁是三角演义的最大赢家呢？不正是"我"吗？一对一注目礼争夺战中，"我"画了一个圆，最后还别人于别人。三角演义中，"我"也是画了一个圆：奉献自己，实现自己。怪乎哉？不怪也！原本注目礼人就是人性太极，同时围绕"我"和别人转的双核圆运动。

知"我"者，莫若老子也！《道德经》五千言，两次惊天动地点拨赢的无上秘诀，第七章云："非以其无私耶？故能成其私。"第六十六章云："以其不争，故天下莫能与之争。"放下和别人、第三者的注目礼争夺战，不正是"我"的不争、无私吗？成为别人、第三者的领导人，不正是成其私、天下莫能与"我"争吗？

电影《夜宴》中有句美丽的话：百般算计，不如一颗单纯的心！"我"要说的是，三角演义中，不论是"我"，还是别人，抑或是第三者，只要敢于放下注目礼而专成人之美，就能登上领导人的宝座，成为三角演义的最大赢家——"我"敢不敢？

外行为什么领导内行

有一种有趣的现象：内行往往不能领导内行，外行反倒能领导内行！典型者莫过于刘邦当皇帝，无有一技之长，而且生性懒惰，从小就不事生产，外行得很，据称都没打过一次像样的胜仗。咋做上皇帝的呢？

《史记·高祖本纪》称刘邦“仁而爱人，喜施，意豁如也，常有大度”，这应该符合史实。可为什么刘邦能做到仁爱呢？或许恰恰就在于刘邦外行，没有一技之长，只能选择奉献自己，做协调和统领的工作，到处走动走动，不时赞美赞美，自然而然就善于“将将”，领导起内行张良、萧何和韩信来。

与项羽一比较，更能明白刘邦为什么能外行领导内行并取得楚汉之争的最后胜利。“吾自起兵至今，凡八岁矣，身经七十余战，所当者破，所击者服，未尝败北，遂霸有天下。”垓下之围这一番临终之言一点也不吹牛。可为什么被刘邦打败呢？恰恰可能因为项羽能征惯战。

清人王士祯评宋仁宗赵祯与宋徽宗赵佶说：“宋徽宗百事皆能，独不能为君；宋仁宗百事不会，只会做官家。”这可能有点夸张，但改一改确实有趣：项羽百事皆能，遂败；刘邦百事不会，遂王。领导本是服务业，一定程度上，百事皆能不如百事不会。

能混能圆

得了好处莫卖乖

“我”放下注目礼，专门协调别人和第三者的矛盾，成人之美，做上三角演义领导人，是注目礼的最大赢家。那“我”是不是扬扬得意，甚至如中山狼得志便猖狂，看不起乃至直接对别人、第三者注目非礼呢？

——错！如果希望个人利益持续最大化，领导人地位进一步稳固，并注目礼三角持续稳定，演义进一步和平发展，“我”不但不能看不起别人、第三者，而且必须对他们俩的注目致礼报之以礼，注目非礼断不可行，得志便猖狂更是做领导人之大忌。

如果表现出对别人的轻视，别人就可能愤愤不平，原本别人也希望赢得“我”的注目礼。而今倒好，注目礼没了，注目非礼有了，怎能不愤愤不平？一旦愤愤不平，别人就可能走向“我”的对立面，乃至背后造反，甚至也绞尽脑汁加费尽心机，千方百计做第三者的思想政治工作，共同向“我”逼宫——孰为“我”猖狂乎？

要是“我”同时表现出对别人、第三者的注目非礼，情势更加糟糕，他们俩有可能不谋而合，就地起哄，把“我”从领导人的宝座上揪下，打入冷宫，叫“我”向他们俩注目致礼，甚至做牛做马。至于别人和第三者再怎么重新洗牌，谁老大，谁老二，干“我”何事——孰为“我”猖狂乎？

还是孔夫子说得好：“巍巍乎！舜、禹之有天下也，而不与焉。”意思是说，多么崇高啊，舜帝和禹帝虽然领袖群伦，富有天下，但没有丝毫的骄傲，平易近人得很哪！做好领导人，“我”应该向舜帝和禹帝好好学习，无论何时何地，都不向别人、第三者注目非礼。

有一个事实“我”必须明白：虽然当上领导人，甚至也得到别人、第三者加冕，但“我”实际上并没有权力，任何权力都没有。东风吹，战鼓擂，三角演义谁怕谁，“我”、别人、第三者完全平等，一开始就完全平等，到最后也完全平等，原本任意的三个人，谁有对谁的权力呢？

没有权力做领导，这就是真相，注定“我”必须战战兢兢，如临深渊，如履薄冰，夹着尾巴，用做孙子的心态来做领导，容不得半点猖狂和轻忽。事实上，由于“我”已是领导，属于占优势的一方，别人、第三者对“我”所发出的注目非礼会高度敏感，稍有差池，甚至是一句话，都可能动摇“我”的领导地位，葬送“我”的三角江山。

真话要怎么讲

一无权力做领导，那“我”能对别人、第三者进行批评吗？尤其在以理养人中，别人完全有可能孺子不可教，第三者也完全可能朽木不可雕，难道“我”都不能注目非礼一下？一律不能注目非礼，与其说“我”在以理养人，不如说

“我”在姑息养奸；与其说“我”是领导人，不如说“我”是窝囊废！

当然可以进行批评，甚至也可以直接对别人、第三者注目非礼，一定时候还可以当头棒喝，以霹雳手段，显菩萨心肠。但一定要注意艺术！所谓艺术，一言以蔽之，就是在注目致礼的前提下注目非礼。即是说，注目非礼是暗示过去的，表面上看起来还像注目致礼，用老百姓的话来讲，一点也不伤“面子”。

有如此高妙的“行为艺术”？大有！老百姓应该都玩过，比如春节到，女儿女婿回娘家，给老妈送上红包。女儿说：“这是我们的心意。”老妈不要，推来推去，最后收下了。女儿生日，老爸老妈前来庆贺，给女儿送上红包。老妈说：“最近你们添小轿车，这个钱我们出。你们结婚时，我们就有这个打算。”女儿不要，推来推去，最后收下了。类似情景寻常百姓家几乎每天都在发生，推来推去，是游戏吗？是，也不是；两个红包，有关系吗？有，也没有，一切尽在微妙中。

微妙是关键！季羡林先生奉行“假话全不讲，真话不全讲”，那讲什么呢？怎么讲呢？老先生解释说：“就是不一定把所有的话都说出来，但说出来的话一定是真话。”这可能还不充分，完全版应该是：假话全不讲，真话不全讲，但真意全表达，一部分真意不是话语上明示，而是暗示过去。

三角演义是个整体，牵一发而动全身，要做好领导人，“我”必须把握微妙，既不能左，也不能右；既不能姑息养奸，又不能注目非礼；既不能吝啬赞美，也不能拍人马屁，而应该平衡，平衡全局，平衡别人，平衡第三者。要不然，批评搞不好，表扬也搞不好，最后可能就是“当家三年狗也嫌”。

在比较世界各大国民族性时，辜鸿铭先生曾提出：中国人最能够“妙悟”。这应该是不错的，因为中华文化一直就在妙悟中浸泡着。“人心惟危，道心惟微，惟精惟一，允执厥中”，这是儒家十六字心传，尧、舜、禹三代相传，一连四个“惟”字让人充分感觉这里面如走钢丝般的微妙。

正因为浸淫甚久，把握微妙成为中国人的拿手好戏，以至在话语的格式上也反映出来。这就是“A 而不 a”，A 与 a 代表相近的所指，比如最常讲到的“和而不同”。类似的游戏，不深通中华文化的人，对人性缺乏深刻理解的人，几乎如雾里看花。如果说潜规则，玩微妙比所谓“血酬定律”应该更接近中华文化真正的潜规则。

中国人真的讲假话吗

在谈到“丑陋的中国人”时，常常会讲到中国人虚伪，甚至讲假话。真的？如果说讲假话，男男女女都在讲，男人常抱怨：宁信世上有鬼，也不信女人那张嘴。女人也常常抱怨：宁信世上有鬼，也别信男人那张嘴。难道恋爱中的男女都不可信？

原因应该在于：恋爱中的男女为维护自己的面子和照顾对方的尊严，一部分真意不通过话语明示，而是暗示过去。尤其恋爱中的女人更喜欢暗示，有时候甚至“不言”，完全需要男人“而喻”。

有个男人，特别害羞，一直没敢向白雪公主牙崩半个“Love”。她倒古道热肠，对白马王子既理解，又热爱，常常创造机会让他乘，可白马王子总是莫名其妙，机会一次次逃之夭夭。一个夜晚，月亮“全心全脸”为爱情服务，空气中也充满爱情的气息。他和她在公园晒月亮，白马王子羞风依旧，白雪公主打破沉默，软语温存：“有人说，男人一只手臂的长度，恰巧与女人的腰围相等，你信不信？”“哦，真的吗？”白马王子一本正经：“可惜我今天没带绳子和尺子。”

能说白雪公主虚伪吗？白马王子的确真实，做真人，讲真话，可爱情怎么办？曾仕强先生多次讲道：中国人随机应变，见人讲人话，见鬼讲鬼话，但不讲假话。这应该是可信的，人皆注目礼人，出于对自己和对方尊严的维护，一部分真意必须通过暗示输送，都赤裸裸的，行吗？

领导人的终极修炼

奉献自己，成人之美，做领导人。结果呢？甭提牛哄哄了，连扬扬得一下意也不成，甚至一言一行都得把握微妙，注目非礼还必须注目致礼来包装。这领导人是不是也忒累了？

常言道：“会者不难，难者不会。”只要“我”继续奉献自己，不但领导人地位进一步巩固，而且三角演义进一步和平发展，甚至“我”的注目礼回报也更加丰厚。即是说，继续奉献自己依然是“我”利益最大化的最佳选择。

最初选择奉献自己，“我”还有点想不通，先投之以礼是最难迈出的一步，但事到如今，“我”已做了一段时间领导人，继续奉献自己并不难，甚至可以说十分轻松。一者“我”已有做领导人的里子，一般情况下，没必要再不给别人、第三者面子。又不是初为领导，边际效益递减，有什么好扬扬得意的？注目非礼干什么？有不同意见，即便批评一下，甚至耍一耍领导威风，尽可以和颜悦色的嘛！

再者就是注目礼也会多收三五斗，同样对别人注目致礼，如果“我”只是一般人，别人可能感觉平平，不过就是礼尚往来，不会认真回报；如果“我”作为领导人，别人要受宠若惊，甚至要一头磕下去，谢主隆恩。这就是非对称，作为领导人，“我”的收益会远超过投入。

战国时期的军事家兼政治家吴起深谙此道。《史记》载，吴起做魏国大将军时，与士兵同甘共苦，甚至自背干粮。有一位士兵长了毒疮，吴起亲口吸脓。士兵的母亲闻听大哭，人不知其然，答：“吴将军曾为我儿父亲吮疮，结果他在泾水之战中冲锋陷阵，战死沙场；现在吴将军又为我儿吸脓，真不知我儿又要效死哪一战呀！”播下的只是吮疮，收获的却是死报，难怪吴将军乐此不疲。

儒家常被指责为“迂远而阔于事情”，实际上，孔子和孟子的小算盘打得噼啪作响，之所以到处游说国君乃至大大小小的领导们，鼓吹仁义道德，就是希望领导们可以非对称地多收三五斗。夫子说得分明：“上好礼，则民莫敢不敬，上好义，则民莫敢不服；上好信，则民莫敢不用情。夫如是，则四方之民襁负其子而至矣。”意思就是说，只要“上”敢于付出和投入，广大群众必定大规模回报。

一谈到君臣关系，一部分人立刻想到所谓“君要臣死，臣不得不死”。这并非儒家的理念，孟夫子说得分明：“君之视臣如手足，则臣视君如腹心；君之视臣如犬马，则臣视君如国人；君之视臣如土芥，则臣视君如寇雠。”显而易见，君臣关系不是单向的领导与服从，而是双向互动，接近于三角演义中“我”和别人、第三者的关系，注目致礼，领导地位更稳固；注目非礼，领导地位要动摇。

“君要臣死，臣不得不死”，学派上讲，这属于典型的法家观点；文化上讲，这属于典型的西方理念。西方人动不动就“权利”，你如何，我怎样，一清二楚，深谙“分”理。中国人呢？久别重逢，常常会招呼对方：“最近混得怎么样？”一个“混”字画龙点睛，中国人最擅长混！

事实上，每个人都是混出来的，因为每个人都离不开家。何谓家？就是一个人混的小窝。最简单地讲，家就不是一个讲理的地方，如果一家子天天都需要讲道理，甚至据理力争，恐怕离解体或分裂不远矣。原因很简单：东风吹，战鼓擂，这个世界谁怕谁！

《周易》有一个专门关于家的“家人”卦，其“象”曰：“父父，子子，兄兄，弟弟，夫夫，妇妇，而家道正。正家而天下定矣。”一看这重叠式的文字，就可以感觉到这里的混，没有明确说父该怎么样，子该怎么样，兄该怎么样，弟该怎么样，夫该怎么样，妇该怎么样，而就像画了一个圆。比如说“父父”，就是做父亲的画个圆圈，在父亲的本分，说父亲该说的，做父亲该做的，如此而已。

这正是三角演义最后的均衡点，把奉献自己进行到底，直至“我我”！所谓“我我”，说“我”该说的，做“我”该做的，在自己的本分，如此而已。说到底，就是不再以别人、第三者的注目礼为转移，反可以向他们俩慷慨“贿赂”注目礼，因为“我”已经发现自我，回归自我，足乎已无待于外。无论是一对一的注目礼争夺战，还是注目礼三角演义，最后的均衡都是“我”画一个圆，重归自己——原本，“我”就是“我”！

一旦“我”圆了，在“我”的领导下，别人、第三者也会跟着圆。好比三个有棱有角的卵石混在一起，久而久之，棱角都会被磨掉，变得圆乎乎的；要是原本就有一个圆的，那另外两个应该圆得更快。于是就有圆融三角：“我我”，别人别人，第三者第三者。

三角演义能养能鼎立，乃至能混能圆融，毕竟就“我”、别人、第三者三个人。可社会是复杂的，更不会只有三个人，咋办？

爱心为何让人光辉灿烂

奉献爱心不仅赢得注目礼，可能亦是智慧之源，更容易让人光辉灿烂。

在营销培训结业大会上，作为最优秀的学员，唐亮被邀发表演讲。为把握机会，唐亮作了最充分的准备，反复修改演讲稿，并自我模拟了N次。时候到，在热烈的掌声中，唐亮明星般地走上演讲台，洁白的衬衫，橙黄的领带，头发整齐而光亮，神采奕奕。女生们一个个兴奋不已，有的还悄悄打手势。

唐亮看上去十分镇定，清了清嗓子，开始说话：“尊敬的各位领导，亲爱的各位同仁，你们好！我叫唐亮。”只见他拿起笔在写字板上写下“唐亮”两个字，接着又讲：“我叫唐亮。”他望了望台下，眼神有点呆，说的还是那句话：“我叫唐亮。”台下出现了嘘声，唐亮也面红耳赤，但还是在说“我叫唐亮”……突然间，唐亮身子一歪，晕倒了。

唐亮之所以当场晕厥，就是因为“我”心太重，过于执著。人的恐惧是怎么来的呢？自私也！如果唐亮不考虑怎么出明星效应，而是想着听众，想着怎么向听众介绍自己，想着怎么让听众多一些收获，想着怎么样与听众进行交流，情况定会为之大变。

第八章

“我”的自由王国

平反“窝里斗”

谈婚论嫁为什么要走程序

哪里是群起争夺鏖战急呢？三角演义自始至终是和平的，从以理养人，到领导三角，以至圆融三角，一直就沉浸在温馨的养中，甚至三角形都养成了圆，虽然也充满注目礼臭味，但确实不曾有硝烟味。但现实是残酷的，充满血腥。拿魏蜀吴三国演义来说，一丝一毫的温馨也没有，“水军八十万东下，赤壁山前一火无”，周瑜一把火烧掉多少人命？

三角演义一派温馨，三国演义一派硝烟，是不是表明三角演义严重脱离实际呢？先看看“我”在实际生活中怎么弄注目礼吧，这里的实际，仍非最终的现实，依然属于理论抽象，指的是不只“我”、别人、第三者三个人的社会。

“人一上百，形形色色”，实际生活中，一方面“我”不是井底之蛙，更不会吊死在一棵树上，僵化地追求某一个别人的注目礼。另一方面别人也成为动态的，“我”面对的是许许多多的别人。需要优质的注目礼，“我”完全可以“下棋找高手”，轻而易举地把别人替换成更出色的别人，而不会以理把某一个别人养大，为“下棋养高手”而绞尽脑汁又费尽心机。

这会不会使“我”重新回到以力服人？不仅完全可能，“我”甚至可能变本加厉，把别人往死里打，不再履行“注目礼争夺战万万不可把别人往死里打”这一条最最基本的原则。“死了张屠夫，就吃混毛猪”——哪里的话，由于别人是动态的，许许多多，在不只三个人的社会上，打死区区一个别人，对“我”的注目礼供应毫无影响。

在不只三个人的社会上，注目礼争夺战极其可能沦为淘汰赛，大打出手，死伤不论，胜者为王。淘汰赛的本质是以力服人，但不幸却是人类社会最常用的竞赛形式，几乎一有比赛就搞淘汰。莫非不能设想别的竞赛形式了？有这样一个小幽默：

> 新郎、新娘兴高采烈步入教堂，一小孩十分好奇，大惑不解地问父母：“他们为什么要手牵手呢？”
>
> 父母答：“礼节。”
>
> 孩子追问：“为什么会有这样的礼节呢？”

父母烦，相视一笑，几乎异口同声说：“见过拳击吧，进入赛场时，拳击手不也这样吗？”

把拳击与婚姻相提并论，似乎有些失当。但把婚姻也视为竞赛，未尝不可，一定程度上还十分准确，“恋爱秘籍”或“夫妻兵法”的说法不就在坊间流行吗？那婚姻是一场怎样的竞赛呢？显而易见不是淘汰赛，有专家曾形容：男男女女互相研究了3周，相爱了3月，吵闹了3年，彼此忍耐了30年……这应该是比较现实的说法，要是婚姻都实行淘汰，人类社会的稳定性可能荡然无存。

无论哪一个地方的习俗，男女谈婚论嫁似乎都要走一些程序，最明显的如订婚和婚礼，原因应该在于婚姻意味着稳定而长久的博弈——如果说是比赛的话。三角演义中，以力服人之所以被淘汰，不也因为三角演义构成稳定而长久的博弈吗？像婚姻和三角演义一样，如果希望人与人的关系美好，乃至社会和谐，就应该提倡稳定而长久的博弈。一次性买卖，谁不投机？

为什么“不打不骂是祸害”

不只三角演义和婚姻，还存在一个不实行淘汰的竞赛，这就是邻里关系，准确地讲，是农业文明下的邻里关系。城市中的邻里虽然也抬头不见低头见，但几乎不发生实质性关系。

《当家的女人》是一部很有意思的电视剧，主题曲《百味人生在里面》唱道：“东家有女，西家有汉，结怨也结缘。”“抬头是恩，低头是怨，百味人生在里面。”这应该属于实情。

婚姻、家庭和邻里关系不属于淘汰赛，正在于它们都构成情感港湾，不能简单地以力服人。女作家亦舒曾说：“两个人在一起生活，岂止是一项艺术，简直是修万里长城，艰苦的工程。”为什么呢？不是淘汰赛也！

交恶常常被视为关系不好，实际上，交恶还谈不上不好，甚至复仇都谈不上不好，仍然是有关系。真正的关系不好是淘汰出局，一个人完全不把另一个人当回事了。“打是亲，骂是爱，不打不骂是祸害”——真不是玩笑，大有道理。鲁迅先生说：“最高的轻蔑是无言，而且连眼珠子也不转过去。”转眼珠子也存在成本，所以仍是有关系。

“欢喜”为何还“冤家”

在不只三个人的社会上，注目礼争夺战一定沦为淘汰赛吗？否！明显还存在另一方面的问题：由于别人许许多多，注目礼供应五花八门，“我”要争取哪一个别人的注目礼呢？不可能“眉毛胡子一把抓”，在许许多多的别人中，“我”必须作一个选择！

那如何选择注目礼的供应商呢？“我”当然会有一番斟酌，一方面，人比人，气死人，比“我”不出色得多的别人是癞蛤蟆，注目礼是蛤蟆肉，“我”根本不屑一顾；另一方面，人比人，气死人，比“我”出色得多的别人是白天鹅，注目礼是天鹅肉，“我”根本不敢痴心妄想。“我”应该有一定的自知之明，不会“癞蛤蟆想吃天鹅肉”。

“兵对兵，将对将，捉对儿厮杀起来。”这句谚语说到了“我”心坎上；“武大郎养夜猫子——什么人玩什么鸟。”这句歇后语也说到了“我”心坎上。与“我”出色得不相上下的别人最有可能成为“我”的注目礼供应商，不因为别的，只因为其注目礼对“我”现实，有意思。

“我”决不会胡比、攀比、乱比。当南非作家库切的《耻》荣获2003年度诺贝尔文学奖后，贾平凹在谈到中国作家最近的将来能否荣获诺贝尔文学奖时说道：“比如我当处长时，就只考虑当局长的位置；当了局长，就能考虑省长的位置；当省长时，就可考虑当总理的位置。但我现在是个村长，不可能马上想到总理的位置。”当村长就想着做总理，岂不是拿虾米比鲸鱼？

具体地讲，与“我”出色得不相上下的注目礼供应商在哪呢？或者说，具有可比性的别人在哪呢？社会上虽然有许许多多的人，“我”、别人、第三者、第四者、第五者……但并不像阳光中的浮尘或清水中的杂质，毫无规律地窜着。一个个的人会在社会上沉淀下来，形成一个个的颗粒——或许所谓的部落就是这样的颗粒。

另外，“我”也不会为寻找有意思的别人而四处乱窜，今天在北海，明天在苍梧，后天又回花果山。由于条件的限制，最典型的就是交通条件的限制，“我”也不可能朝游北海暮苍梧，“我”只能生活在一定的圈圈内——或许所谓的部落也是这样的圈圈。

一者颗粒化，一者圈圈内，二者决定有意思的别人在且只在“我”所在的部落。确实，如果有意思的别人根本不在“我”所在的部落，甚至“我”注目根本不能及他，或他注目根本不能及“我”，打什么注目礼争夺战呢？即便且争且夺且战，又怎么可能有意思呢？

有意思的别人在且只在"我"所在的部落，即是说，"我"将在部落内展开注目礼争夺战。这不是"窝里斗"吗？没办法，有意思的别人在且只在窝里面，窝是"我"的注目礼出品基地，不玩窝里斗，玩啥？

两句非常流行的俗语为"我"玩窝里斗强有力的见证，一句来自中国，叫"王小二过年看隔壁"；一句来自美国，叫"Keeping up with the Joneses"，翻译过来就是"像富裕的邻居一样生活"。这一中一美两句俗语揭示了"我"玩窝里斗的事实。

"我"热衷的就是窝里斗，不但空间上玩窝里斗，其他方方面面都玩窝里斗，即与"我"出色得不相上下的人一较高低，从而获得有意思的注目礼。略举一例，如果存在一批有意思的别人，年龄不等，有婴儿，有孩童，有少年，有青年，有中年，有老年，"我"会更在乎谁的注目礼呢？一般而言，"我"会更在乎那一个年龄跟"我"差不多的，如果"我"是青壮小伙，"我"会拣青年来一较高低，而不会选择孩童或老人。

谈起朋友、同学、同事、乡人、邻里、亲戚甚至家人来，当然会有美好的回忆，但往往也让人别有一番滋味在心头，有时候甚至一肚子坏水。下面的笑话绝非空穴来风：

> 一个英国人、一个法国人和一个俄罗斯人，魔瓶巨妖答应给他们每人一次满足愿望的机会。英国人说：我要一栋漂亮别墅，比我最要好的朋友的房子还要多一个浴室。法国人说：我要一位金发美女，比我最要好的同事的情人还要亭亭玉立。俄罗斯人的邻居有一头高产量又高品质的奶牛，他对魔瓶巨妖说："我要这头奶牛立刻死掉！"

老百姓有个说法十分简洁地概括了"我"和朋友、同学、同事、乡人、邻里、亲戚甚至家人之间的复杂关系，叫"欢喜冤家"。意思就是说，大伙儿生活在一起，一个窝里面，既有爱，又有恨。"欢喜"是因为一个窝里面的人可能要相互依赖，所谓"有缘千里来相会"；"冤家"是因为一个窝里面的人会有注目礼争夺战，所谓"不是冤家不聚头"。

为什么要"混个面熟"

尽管别人许许多多，但由于"我"只选择有意思的别人来供应注目礼，在不只三个人的社会上，注目礼争夺战成为窝里斗，这会不会使"我"重新回到以力服人呢?

不要杞人忧天，有意思的别人在窝里面，第三者也在窝里面，别的熟人也在窝里面。如果“我”以力服人，动不动大打出手，也就像三角演义一样，窝里面的第三者极有可能路见不平，挺身而出。双拳难敌四手，最后“我”被打趴在地，不得不向包括别人、第三者在内的一窝人注目致礼。

窝里斗还真不好下手！问：“近亲为什么不能够结婚?”答：“熟人嘛，不好下手。”的确，窝里面的人都是熟人，“我”不好下手，与三角演义一样，力在窝里斗中没有用武之地。

常言道：“不打不相识。”反过来可能更加成立：相识就不打。《水浒传》中，“浪里白条”张顺与“黑旋风”李逵第一次见面，从陆上到水里，大打了一番，最后被戴宗喊住：“这位是俺弟兄，名叫李逵。”张顺忙说：“原来是李大哥，只是不曾相识!”

传统的中国社会，特别讲究“混个面熟”，甚至“熟人好办事”。这不能简单否定，从博弈论看，熟是多次博弈的结果，意味着信息的相互了解，能构成一定的约束条件。如果熟人之间还以力服人，甚至大打出手，原因应该在于尚不太熟，还需要再一次博弈。事实上，两个黑帮如果混熟了，都礼来礼往，甚至也理来理往，一般不会力来力往。

在窝里面，熟人不好下手，“我”的力没有用武之地。就是说，尽管实际生活的窝里斗不只“我”、别人、第三者三个人，但与三角演义在效果上是一回事，为着“我”的利益最大化，也不能以力服人，也必须以理养人，也必须奉献自己，也必须领导三角，也必须把握微妙，也必须圆融三角，乃至最后“我我”，做回“我”自己，完全像“我”在三角演义中那样。

两面性是怎么来的

可一个窝有多少人呢?社会上的人口数不胜数，难道一个窝就能容下?从实际情形看，不止三个人的社会上，远不止一个窝。那窝与窝之间是什么关系呢?如果“我”从自己的窝跑到另一个窝，会发生什么?

不看不知道，一看吓一跳。窝里窝外两重天，窝里面，暴力没有用武之地；窝外边，暴力大有用武之地。一溜到窝外边，“我”就回到以力服人，动不动大打出手。正如一句英国谚语所说：“Heroes at home，scoundrels abroad。”译过来就是：国内当绅士，海外做流氓。

这是为什么呢?原因有二，一是窝外边的别人没意思，“我”根本不把他们当成“我”真正的注目礼出品人，于是大打之。实际上，窝外边的别人都是“我”的陌生人，根本就不认识，何意思之有！

二是窝外边的第三者虚化。不止一个，也不是三个或五个，窝外边的第三者有许许多多个。这就决定了第三者的虚化，甚至形同虚有。窝里面，如果“我”对别人大打出手，少数的尤其唯一的第三者会伺机而动，甚至立马挺身而出。窝外边，许许多多个第三者可能更乐意做看客，甚至“我”把别人往死里打，也没有一个多管闲事。

窝外边，别人没意思，第三者虚化。这就是“我”为什么一到窝外边就重回以力服人，也正是人口流动容易带来治安问题的原因。但还是有一个问题：既然窝外边的别人没意思，连认都不认识，“我”根本不把他们当成真正的注目礼出品人，可为什么还要对他们大打出手甚至往死里打呢？原因只能往窝里斗去追溯。

比方说，窝里边的注目礼争夺战变成财富竞赛：谁拥有财富，谁就赢得注目礼。“我”对窝外边压根儿没意思的别人大打出手，不是为获得别人的注目礼，而是要夺得别人的注目礼载体——财富，从而让“我”在窝里面的财富竞赛中占上风。即是说，窝外打还是为着窝里斗，只因为窝里斗蜕变，“我”不得不夺取更多的注目礼载体，如此而已。

秦国为什么被称为“虎狼之秦”呢？原因即在于秦兵在战场上一个个如狼似虎。《韩非子》写道：“秦人闻战，顿足徒裼，犯白刃，蹈炉炭，断死于前者，皆是也。”个个敢死！是不是秦国人不怕死乃至不知死呢？非也，原因在于注目礼载体——人头，时称“首级”！

商鞅变法，废“世卿世禄”，立二十等爵制，规定“富贵之门必出于兵”，不管地位高低贵贱，只要立有军功，就能封官加爵。即便奴隶，只要立有军功，就能免为庶人，甚至拜爵。反之，尽管富甲一方，要是没有军功，也没有注目礼，所谓“有功者显荣，无功者虽富无所芬华”。这样的一荣一耻使秦国人竞相尚武，全民皆兵，全民好战，《商君书》记：“民闻战而相贺也，起居饮食所歌谣者，战也。”

避免“我”在不只三个人的社会重回以力服人的对策有两种：一者使窝里斗始终维持在三角演义上，防止蜕变，更不得堕落到某一种注目礼载体争夺战；一者颁布人口居住制度，控制人员流动，防止“我”溜到窝外边。谁来颁布？谁来控制？显而易见，人员流动控制需要一个外在暴力，属于契约论，属于以力服人，且只能治标，不可取也。

治本之策就是使窝里斗始终维持在注目礼三角演义上，没有人为，不加人力，自然而然防止以力服人。可“我”能在多大程度上使窝里斗维持在不出现以力服人呢？或者说，一个窝究竟能够有多大的人口规模呢？

“我”被围观会如何

社会心理学把第三者多而虚化的现象称为“旁观者效应”，是根据1964年纽约一桩震惊全美的凶杀案总结出来的。一个凌晨，在返回公寓的途中，一位名叫吉诺维斯的姑娘被一个歹徒劫持。姑娘拼命搏斗，长达半个小时，38个邻居也都听到了呼救，许多人还走到窗前看了现场。然而，在与歹徒搏斗的半个小时里，没有一个人前去援救，甚至也没有人行举手之劳，打个电话向警方报案，致使不该发生的惨剧成为事实。

另一个有点类似的现象是：整个环境会因陌生而虚化，对人失去制约。洗碗刷盘子，你干不干？20世纪90年代，国人掀起出国热，名为留学，实是打工，一部分身份不俗的人竟相到美国、日本和澳洲洗碗刷盘子，要是在国内，打死也不干。原因应该就在于国外没有熟人，无所谓面子，更不丢面子，反能短时间内捞得里子——一大把外汇，然后回来享受注目致礼。

“双面人”不在少数。2008年年底，臧天朔被传涉入多起恶性事件，但娱乐圈内有评价，臧天朔“仗义疏财”。还是大科学家爱因斯坦“牛”，在陌生的新地方，衣冠不整，朋友提醒他注意下，答：“没事儿，反正这里谁也不认识我。”在熟悉的老地方，也衣冠不整，朋友提醒他注意下，答：“没事儿，反正这里谁都认识我。”

自由是有限的

“我”真的很有限

窝里面的人许许多多，暂不讨论具体数目，而与“我”出色得不相上下的注目礼供应商不止一个，甚至不止三五个。这首先应该是机遇，能获得更多注目礼，甚至有可能一整窝人都向“我”注目致礼。

但更是挑战，甭说别的，仅许许多多的人就够“我”头痛的，更何况“林子大了，什么鸟都有”。万一哪个愣头青，不管三七二十一，大打出手，咋办？“我”当然可以赶过去，以理养人，领导三角。可另一个愣头青又冒出来，三拳两脚把人打倒在地，再踏上一只脚，咋办？“我”当然又可以赶过来，以理养人，领导三角。

“我”岂不成了灭火救生专员？就像三角演义一样，仍按最坏的情况来设想，即最初只有“我”充分认识到力在窝里面没有用武之地，暴力征服只会奉陪上注目礼。可“我”能灭多少火、救多少生呢？就算“我”身似铁打，骨如精钢，而且领导艺术高超，领袖魅力非凡，“我”一个人的灭火救生也是有限的。

道理很简单，以理养人不是空手套白狼，需要交易成本。首先得绞尽脑汁把理弄到手吧，然后得装孙子投之以礼吧，再然后得费尽心机说之以理吧，最后才可能收获注目礼。一路下来不需要时间和精力折腾？有一点必须明白，“我”跟别的人没什么两样，一脑袋、两眼睛、两耳朵、一嘴巴，不是三头六臂。

三角演义中养化别人、第三者就差不多致使“我”神经衰弱，更何况一窝人。即便“我”养，“我”混，“我”圆的艺术炉火纯青，也搞不了零售，一个个去以理养大一窝人：今天以理养大张三，明天以理养大李四，后天以理养大王五……

总而言之，“我”是有限的，“我”的时间是有限的，精力是有限的，生理是有限的，“我”有形的一切都是有限的——谁能否认这一点呢？也就是这一点，也正是这一点，也只是这一点，注定了“我”能以理养服的人有限，准确地讲，极其有限——具体数目暂且不论。即是说，尽管窝里面的人许许多多，但“我”只能赢得极其有限的人的有效注目礼，用经济学的话讲，自由交易量极其有限。

不止“我”以理养服的人极其有限，甚至能与“我”打注目礼争夺战的人都极其有限。这极其可能：窝里面某些人看到“我”风风火火以理养人，有点意思，主动叫板，可“我”也不一定接招，得问一下对方来路，姓什名谁，匹配否。倒非“我”作为灭火救生专员就怎么牛，而确实是“我”的时间和精力有限，哪能每个都顾上？

不只是能与“我”打注目礼争夺战的人极其有限，甚至能与“我”打上交道的人都极其有限。别说坐下来聊一聊，就是站着握一下手，乃至老远点一下头，也需要消耗时间和精力，整整一窝人，“我”怎么顾得来？据称有人荣幸握上领导人的手，然后好几天不洗手，带回家让乡亲们握握，感受一下领导人的温暖。初听起来荒唐，细一想，也有些道理。

事实上，每个人都只能与极其有限的人打交道。打开手机，翻开通讯录，不难发现：交往有限，朋友更有限，好朋友极其有限，可托付的朋友更是凤毛麟角，就那么三五位，有时候甚至弦断无一人听——不是吗？

见面礼是咋回事

见面是有价格的，有个说法叫“见面礼”，所言即见面的价格。拜访某个有身份的人，往往都得带上一定的礼，要不然，不只是自己有些不好意思，严重的是对方不见。孔夫子不也有“束修”（十条干肉）一见的说法吗？

某些腐败高官把自己的见面完全利益化，小红包客套一下，大红包寒暄一番。遂有人趁机而入，在见面礼上做起文章来。被称为“四川第一贪”的四川省犍为县原县委书记田玉飞，曾在2003年9月乘飞机上北京“拜菩萨”，面见“中组部处长”杜太平，一见面就是近50万元的礼。东窗事发后，为立功减罪，田玉飞举报出杜太平。事情惊动中纪委，但中组部查无此人，后公安部发现所谓中组部处长乃冒牌货，杜处长原是个包工头。

贪污腐败罪无可恕，见面有价情有可原。由于时间和精力有限，一个人能见的人极其有限，如果求见的人特别多，直接开价吧。从2000年开始，沃伦·巴菲特就在全世界范围内拍卖共进午餐的权利，即“巴菲特午餐约会”。中国人好像已两度埋单，2006年由段永平以62万美元竞得，2008年由赵丹阳以211万美元竞得。

分销能走多远

尽管以理养众极其有限，但“我”依然追求利益最大化，要是一窝人都对“我”注目致礼，何乐而不为！但零售绝对靠不住了，不仅不可能一个一个地以理养服一窝人，甚至连起码的通观全局都做不到，“林子大了，什么鸟都有”，即便把握每个人的信息，都不是桩容易的事。“我”应该如何降低以理养众的交易成本呢？

有幸的是，窝里面的人许许多多，也为“我”创造了可乘之机，那就是批发和分销。“我”来批发，谁来分销？除了别人、第三者，还能有谁？在“我”的养化和领导下，别人、第三者对“我”的理乃至魅力都有所认识，甚至五体投地，由他们俩充当“我”的分销商，自然不过。

实际上，当“我”把别人、第三者以理养大到一定程度时，他们俩也会乐意充当分销商，这不只是一定程度上摆脱了“我”的领导，获得自由，同时也是新的尝试，而且将享受注目致礼，他们俩会乐此不疲。

就这样，也像“我”一样，别人、第三者开始在窝里面弘扬“我”的理，甚至直接克隆“我”的模式，以理养大，领导三角，能混能圆。尽管“我”非三头六臂，但别人、第三者相当于“我”的变身，等效于“我”三头六臂。即便窝里面的人许许多多，愣头青们蠢蠢欲动，但通过这样的变身，至少也可保持和平，不至于走上以力服人的歧路。

由别人、第三者充当分销商——亦可说作为“我”的弟子或使者——至少能维持七个人的窝的和平。这七个人分别是：“我”、别人、第三者、别人的别人和第三者、第三者的别人和第三者。“我”在金字塔的最顶端，但实质上是构成金字塔的基础，整个金字塔的和平靠“我”维持。即便发生暴力事件，“我”也能掌控，毕竟就七个人，这时候尚可总揽全局。

往下把“我”再克隆一次，就有十五人；接着又克隆一次，就达到三十一人，已是一个不小的窝或者说部落了。是不是可无限往下克隆呢？的确可把“我”往下复制到一定程度，但肯定不能无限复制下去。最主要还不是“人一上百，形形色色”，而是由复制带来的失真。“我”是“我”，以理养人，领导三角，能混能圆。作为亲传嫡系，“我”的别人、第三者应该能克隆“我”，但别人的别人和别人的第三者还能克隆“我”，做到以理养人尤其是领导三角吗？

传播过程中，失真不可避免。有个老师讨厌僻字和难字，讲课时高调表示：“难字者，愚人之所用也。”学生一个个记录在案，期终测试，一学生大书曰：“男子者，女人之所用也。”瞧，仅一传即“飞流直下三千尺”，况复传乎？况多传乎？

诗人海涅曾表示，我播下的是龙种，收获的却是跳蚤。极其可能，这就是“我”的命运：“我”与别人、第三者“混”在一起，别人的别人可能就与他的别人和第三者“混混”一起了，甚至别人的别人这个三角形突然间铁板一块，起哄捣乱，趁机捞取非注目礼的其他利益，比如吃喝住穿。

即是说，由于失真的不可避免，窝里面的人口规模超过一定限制（暂不讨论具体数目），靠批发和分销也不能维持整个窝的和平。以理养众存在一个人数边界，边界之内，能以理养众；边界之外，容易发生起哄。如果窝里面的确人口太多太杂，“我”必须再构想新的创意。

美国总统为什么任用亲信

与别的国民相比较，中国人似乎更爱闯红灯。可能有思维习惯上的原因，欧美人一般以“可否”作判断，而中国人常常以“能否”来判断。但流行的答案是：中国人缺乏公德心。

中国人的确公德心不强，以至费孝通先生特别提出一个概念，叫“差序格局”，被认为是中国学界对社会学最重要的贡献之一。所谓差序格局，简单地讲，就好比一块石头丢进水池而在水面引发的一圈圈由内而外的波纹，每个人都以自我为圆心同社会发生联系，一圈一圈，按离圆心距离的远近划分亲疏。

差序格局实质上是人性自然形成的社会关系网，“我”在窝里面所进行的批发和分销不就是差序格局吗？别人、第三者之所以能成为“我”的一级分销商，不就因为他们俩是“我”的亲传嫡系吗？如果说用人，出于降低交易成本的考虑，“我”也只能首先使用亲传嫡系，别的人“我”了解吗？了解“我”吗？

与之相对，费孝通认为西方社会是“团队格局”。这应该符合实际，但从大局讲，西方社会也是差序格局。这最集中反映在西方的政权组织上，拿美国来说，总统民选，但内阁却是“一朝天子一朝臣”，由总统任用亲信，如前国务卿赖斯女士就被认为是前总统布什的红颜知己。

不只是内阁要员，整个华盛顿就是一张巨大的关系网，由一个个差序格局的圈子组成。被称为“当代马基雅弗利”的政治观察家克里思·马修斯指出：“在华盛顿，无论是那些显赫的委员会的总顾问，还是往来于参议院大楼和国会山之间的地铁司机，每一个人得到工作都和某位参议员有关。”

包装提升效益

为进一步降低以理养众的交易成本，尽最大可能防止以力服人，“我”还能进行哪些创新呢？批发和分销等于是往窝里面安插“我”的弟子或使者，通过变身影响广大群众。事实上，也可通过对“我”进行形象包装，包括包装“我”的理，以便更有效地影响窝里面的广大群众。

广大群众应该都具有恐惧死亡的普遍心理，为何不善加利用呢？完全可对“我”的理来一次形象包装，附加上地狱和天堂的条款：谁如果偏好暴力，以力服人，死后将被打入地狱；谁如果以理养人，讲养讲爱讲无私，死后将升入天堂。

如果机缘合适，“我”甚至可直接宣布：“我”就是从天上下来的神或神的儿子，谁按“我”的理所要求的去做，将获得天神的眷顾；谁不按“我”的理所要求的去做，报应迟早会跟上，地狱的铡刀准备好了。耶稣基督不就这么干过吗？

为进一步降低交易成本——更明确地讲，是领导成本——使“我”和“我”的理更迅速地取信于广大群众，甚至也可制造一些神奇事件，让窝里面的广大群众一个个目瞪口呆，直以为神。比如突然有人在地里或水中甚至鱼肚里发现神奇的纸条，上面明白写着“我”受命于天，如何怎样，广大群众应该跟“我”替天行道。陈胜和吴广不就这么干过吗？为迅速动员，不但鱼肚子里发现“陈胜王”的字样，甚至大泽乡的狐狸都发出“大楚兴，陈胜王”的叫声，奇哉奇哉。

如可能，“我”完全应该向广大群众显示神迹，比如弄三个饼和五条鱼，就让三百多群众吃得不亦乐乎。实在讲，为降低以理养众的领导成本，“我”真希望自己有一定的神通，比如“我”往瘫痪者头上一摸，那人立即蹦了起来，把周围的群众看得目瞪口呆，多好！就在广大群众惊讶得合不拢嘴时，“我”隆重推出：你们如果信从“我”的理，永远不使用暴力，永远对别人充满爱心，你们在天上将有更大的回报。

毫无疑问，对“我”的形象进行包装，神化“我”和“我”的理，能够在往窝里面安插弟子或使者的基础上进一步拓展以理养众的人数边界。如果安插使者能以理养住一个小部落，进一步的形象包装就能以理养住一个稍大一些的部落。

但即便安插使者加包装形象，以理养众也仍存在一个人数边界。边界之内，以理养众能够奏效；边界之外，以理养众要出乱子，会有一部分人甚至会有一部分小窝趁机起哄捣乱。事实上，边界之外，也不太可能靠“我”和“我”的理乃至“我”的魅力与形象，就完全可掌控局面。即便边界之内，完全依靠“我”和“我”的理乃至“我”的魅力与形象来掌控局面，也不是桩容易的事，稍有差池就出乱子，甚至窝里斗倒退到淘汰赛。

怎么办？如果窝里面的人口规模超过以理养众的人数边界，“我”还能做些什么呢？另一个有趣的问题是：窝不是组织，依靠安插“我”的使者所能以理养住的小部落也不算组织，进一步对“我”进行形象包装所能养住的大部落也不算组织，它们仍都还属于窝里斗。可实际生活中，存在形形色色的组织。原本只有“我”，一个一个的人，组织是怎么来的呢?

何谓组织

“我”不得不委托

不管安插使者，还是包装形象，都能扩大“我”在窝里面以理养众的人数，但仍然存在一个边界；而且这还谈不上真正的以理养服，仅只是防止出现最坏的情形——以力服人。靠形象包装贪图一时便宜，怎能说是真正的以理养服呢?

据社会学的研究，一个人关系网的平均规模在200~300人左右，可取250人作为近似值，极限不超过1000人。可以说，就算把潜能和包装都发挥到极致，不以力服人，“我”一个人充其量也只能平治不超过1000人的窝。如果窝里面的人口不到1000，纵然是好，但超过1000呢?

那“我”是不是也搞“封国土，建诸侯”，就像周武王当年那样?殷商灭后，天下甫定，武王大举分封，如封功臣姜尚于营丘，建齐国；封弟周公旦于曲阜，建鲁国。一般认为，这是武王在巩固其“封建统治”，大可商榷。把一个东西交给别人打理，与其说是巩固，不如说是削弱。

真正的原因应在于“我”一个人力量极其有限，且不说能力有限，至少时间和精力有限，圣明如周天子者，亦不例外。无论是谁，分而治之都是唯一的选择，即便以力服人，也不得不分而治之，因为“我”的力也是有限的，委托一代理势所难免!

西方经济学还不算糊涂，从《国富论》算起，经一个半世纪多的发展，1937年，罗纳德·科斯抛出一篇叫《企业的性质》的论文，但一石未破水中天。20世纪60年代，科斯再次抛出一篇叫《社会成本问题》的论文，终于掀起一场制度经济学革命，主角就是如今几乎无人不知的“交易费用”，科斯本人亦因此在1991年荣膺姗姗来迟的诺贝尔经济学奖。

交易费用是咋回事?电脑有所谓原装机和组装机之分，原装机是整卖的，包括主板、硬盘、显示器，一切都在里边；组装机是零买的，在这里买主板，在那里买硬盘，到另一个地方买显示器，然后自己组装，时髦叫“DIY (Do It Yourself)”。或许，所买的主板、硬盘、显示器与原装机的完全一样，全部东西都一样，但最后的价格一比较，原装机往往比较贵。

原因何在？原装机往往是品牌机，但问题并非简单地在于品牌，交易费用才是症结。自己一个一个买主板、硬盘、显示器，不仅浪费时间和精力，还要与那些一个个嘴皮子都已磨得油光发亮的经销商们谈判价格。这就是交易费用，DIY需要在购机款项之外，再投入交易费用，包括时间、精力和磨嘴皮子。原装机贵一些，但能帮客户节省交易费用。

科斯为什么能提出交易费用呢？发端于科斯对一个简单不过的现象的怀疑：古典经济学中，市场上一个一个的交易者，他们对成本与效益的算计使资源配置达到最优，这应该是完全无摩擦的，可为什么现实世界中存在大量不同于个体交易者的经济组织比如说公司呢？正好比问：既然电脑中的一切东西市场上都有，为什么会出现原装机这么个东西呢？因为交易有费用。

为什么交易会有费用呢？至今健在的科斯先生可能没有接着往下想，后继者们似乎也没有接着往下想。答案再简单不过，一条谁也无法否认的常识：“我”真的很有限，时间很有限，精力很有限，生理很有限，“我”有形的一切都很有限——“我”只能进行极其有限的直接交易，或者说，“我”只能进行极其有限的自由。一旦交易量超出一定的边界，“我”就不得不进行委托！

“封建”为什么不可避免

谈起“封建”时，人们常常情不自禁地带有感情，甚至国仇家恨都上来，“封建迷信”、“封建落后”、“封建顽固”、“封建专制”……封建不是好东西。可似乎从来不曾想：何谓封建？

封建就是分而治之的分封制度。尧、舜、禹、汤时就有分封，但因缺乏文字记载，一般谈论的是西周封建。按“夏商周断代工程”的考订，西周始于公元前1046年，时周武王伐纣灭商。但在公元前770年，周王室东迁洛阳，史称“东周”，实是五百多年的“春秋战国乱悠悠”。秦始皇再统天下后，废除分封和诸侯，“分天下以为三十六郡”。是不是封建就真的取消了？否！依然是分而治之，郡县制与封建制的区别仅在于委托—代理的形式不同而已。

封建其实是不能取消的，也不应该取消。明王朝为什么反复出现宦官专权？极其重要的原因就在于明太祖朱元璋因胡惟庸案而取消丞相，并训令曰：“敢有奏请设立丞相者，文武群臣即劾奏，本身凌迟，全家处斩。”结果事事皇帝独裁。可皇帝也是血肉之躯，朱元璋自己勤政任劳，但子孙后代岂会一个个甘当劳模，游手好闲者不乏其人，如万历皇帝后期醉生梦死，于是导致权力落于身边的太监手中，为祸接二连三，悲哀莫甚。

封建就是委托—代理，不是好不好，而是不得不。“普天之下，莫非王土；率土之滨，莫非王臣”，可一个天子一个王怎么顾得来呢？“封国土，建诸侯”是唯一的选择，因为任何一个人都极其有限，委托—代理势所难免。

为什么会有组织

交易费用当年是送人不讨好的丑媳妇，而今是人见人爱的小美女，甚至都成了经济学的“万金油”，但科斯最初是用交易费用来解释公司或企业的出现，为什么市场上会冒出公司呢？因为交易有费用，公司降低交易费用，符合成本与效益的算计。

这当然是对的，但极其狭隘。事实上，交易费用不仅能解释企业的出现，而且可解释最一般的组织的出现。社会上原本只有“我”，也就是一个一个的注目礼交易者（注目礼争夺战亦可称为注目礼交易），任何交易都能通过个体对个体达成，资源配置实现最优，可形形色色的非个体的组织怎么来的呢？因为交易有费用！

如果窝里面的人口超过一定的规模，“我”就不得不进行委托。假设“我”以理养众的人口规模极限是1000，如果窝里面的总人口是1800，不以力服人的话，至少得一分为二，比如一个窝1000人，由“我”亲自以理养众；另一个窝800人，谁来以理养众呢？必须委托作为“我”亲传嫡系的别人或第三者，也不一定就是亲传嫡系，可以是窝里面其他能高度克隆“我”而不失真的人。整个窝可一分为三，第一窝800人，由“我”亲自以理养众；第二窝500人，派别人代理去以理养众；第三窝500人，派第三者代理去以理养众。

三角演义中，不论发生什么，“我”、别人、第三者都是平等的注目礼交易者的关系，谈不上义务和责任。但委托—代理意味着义务和责任，委托时“我”就会叮嘱别人、第三者：这一个500人的窝交你代理，你应该尽可能像“我”一样，以理养人，领导三角，奉献自己，能混能圆。如果出现以力服人，“我”拿你是问！文雅点说，委托—代理是契约关系；不客气地讲，委托—代理已属以力服人。

一路下来，“我”不一直在追求低成本、高效益的不以力服人吗？予不得已也！窝里面的人数超过“我”不以力服人的边界，能咋办？与其让更多的人受到暴力的恐吓，不如就对作为“我”亲传嫡系的别人、第三者威胁一下吧，也算四两拨千斤。到了这个地步，委托—代理的确就是“我”利益最大化的最佳选择。

——组织出现了！“我”、别人、第三者原本是注目礼三角演义的关系，完全平等，如今为着整个窝的和平稳定，“我”成了委托人，居于第一级；别人、第三者是代理人，居于第二级；窝里面最广大的群众居于第三级，属于被养的对象。有级别，非对称，不正是组织的特征吗？

何谓组织？像各学科的基本概念一样，众说纷纭。被认为现代管理学奠基人的切斯特·巴纳德的定义得到相当的认同，即组织是“把两个或两个以上的人的活动和力量有意识地加以协调的体系”。指出两人或两人以上，这是巴纳德的透彻之处，但组织的要害仍没有点出。

就像公司一样，组织也符合成本与效益的算计，是“我”因自由交易量——或者说直接交易量——有限而进行的委托—代理，组织首先是委托—代理，没有委托—代理，就没有组织，一切组织都是以委托—代理为基础出发的。

委托—代理的本质在以力服人，人人生而平等，没有以力服人，谁能委托？没有以力服人，谁愿代理？就是最简单的两人合作，也意味着以力服人，因为两个自然人——“我”和别人——原本是注目礼争夺战的关系，不是受到外力逼迫，“我”和别人为什么合作呢？《诗》云：“兄弟阋于墙，外御其侮。”没有外侮，就是亲如兄弟，也是自然而然要斗的。

什么是公司

尽管科斯发现交易费用，也用来解释公司的出现。但实际上，科斯并没有真正明白公司的性质，甚至也不知道公司的边界在哪，诚如张五常先生所言，“公司究竟是何物还有疑问”。准确地讲，现有经济学所发现并论述的实际上只是代理代工，即市场的运行不是无摩擦的，需要交易费用，从而存在代工的舞台，如此而已。科斯们并没有发现委托—代理的全部，更不曾揭示委托—代理的本质。何也？见物不见人也！

交易费用是谁计算的？“我”也！还是拿买电脑来说，在这里买硬盘，讨一番价；在那里买主板，还一番价。尽管DIY价格可能低些，但讨价还价是有成本的，需要时间和精力，还需要磨嘴皮子的耐性和工夫。合起来一算，可能还不如一次性购买原装机划算。要是市场上有原装机，多省事啊！于是“我”广而告之：“有人提供电脑整机吗？急需500台，长期要货，谁能代工代理？”

如果张三站出来接单，愿意代工，一个最简单的组织诞生了，这就是“我”和张三构成的公司，“我”是委托，张三是代理。当然，张三可以接受成千上万个“我”的委托，而不只是服务于一个“我”，甚至社会上谁需要电脑整机，张三都可以接单。

什么是公司？成千上万的“我”乃至社会上所有需要电脑的人与张三通过委托—代理连接，就是一个标准的公司，不妨称甲公司。公司首先是社会公司，相当于通常所说的公共部门，以契约为前提，为全社会代工，其边界是全社会。如果说产权的话，公司产权近乎全民所有，属于社会上一切有相关需要的消费者，因为是他们共同委托的。

显而易见，这与科斯乃至现有经济学所谓的公司不是一回事。科斯所谓的公司是什么样的呢？诺贝尔经济学奖得主加里·贝克尔在反驳张五常先生的“公司模糊论”时说道：“当我们看见一个企业的时候，我们通常就知道了这个企业。”听起来事实胜于雄辩，但社会大背景被抹去了，代理人怎么就是公司呢？科斯和贝克尔把张三一个人当成公司了！

张三的确至关重要，甚至甲公司并非由成千上万的“我”乃至社会上所有需要电脑的人委托而产生，而就是张三一个人主动创立的。东买硬盘，西买主板，腿脚走到肿，嘴皮磨到破，由于信息不全面，还不知被宰了多少，客户们一个个怨天尤人。张三看在眼里，想在心里：何不专门提供电脑组装服务呢？于是张三广而告之：为您代理购买电脑，质量从优，每机加收服务费50元。并进一步广而告之：整机出售，质量从优，三年跟踪服务。但即便主动创立，张三仍然只是一个代工，并不构成公司。道理很简单，要是没有社会的需要，代什么工？

但张三的确又可主动创立一个完全的公司：既然替A代工，又要替B代工，还要替C代工，不计其数的人都需要电脑整机，可张三也是血肉之躯呀，时间和精力极其有限，一个人能代工多少呢？面对扑面而来的业务，张三不太可能高悬免工牌，唯一的办法就是委托，他可以拉上伙计，比如李四、王五和赵六，把一部分业务委托给他们仨，甚至全部业务都委托出去，自己只是接单。就这样，张三的私人公司诞生了，不妨称之为乙公司。张三是委托，俗称“老板”；李四、王五和赵六是代理，俗称“雇员”。

甲公司与乙公司都是因交易费用而起，但根本不是一回事，如果说甲公司是一级公司的话，乙公司就只是个二级公司，属于甲公司下边的子公司，其老板张三在甲公司只是一个代理。甲公司实质是社会这个大公司，一切公司都是社会旗下的子公司，概莫能外。道理很简单，没有社会的需要，公司何来？

科斯和贝克尔乃至张五常，之所以不能明辨公司的边界，原因在于笼统地谈论交易费用。实际上，交易费用是有主的，必定是谁的交易费用。只有紧紧抓住“我”，把背后的委托人弄清楚，公司的边界才可能真正说明白。

张五常：不知公司为何物

交易费用，科斯是提出人，但张五常先生的发挥锦上添花。客观地讲，在某些重要问题上，张五常的洞见甚至更加深邃。比如对公司的认识，尽管张五常也胶着在交易费用上，没能看到背后的算计者、委托人，但比科斯走得要远。

在《公司的合约性质》一文中，张五常讲到一则小故事：“1969 年我问科斯：‘如果一个果园的主人以合约聘请一个养蜂者以蜜蜂传播花粉，增加果实，那算是一家公司还是两家？’我见他答不出来，就知道公司的界定有困难。”此一问反映深浅！

张五常也没有给出答案，坦承“公司究竟是何物还有疑问”。但如今，答案应该已经清楚：两家公司。很简单，这里有两个委托人。果园主人和养蜂者共同构成一家公司，准确地讲，是共同完成一次公司行为，果园主人是委托，养蜂者是代理；养蜂者也是一个委托人，不只是为一个果园主人代工，而是为许许多多的果园主人代工，他可以有自己的公司。

产权清晰：“我”的本分“我”做主

谈到公司或企业，必谈到所有权或产权。可什么是产权呢？“百姓日用而不知”，像经济学其他基本概念一样，现有经济学对产权没有统一的界定，公说公的产权，婆说婆的产权。被誉为产权经济学大师的阿曼·艾智仁定义说：“产权是一个社会所强制实施的选择一种经济物品的使用的权利。”这被认为是经典，写入权威的《新帕尔格雷夫经济学大辞典》。

恐怕是“山中无老虎，猴子称霸王”，客气地讲，艾智仁的产权定义含糊其辞，怎么“强制”？什么“使用”？不得而知。不客气地讲，艾智仁对产权的定义如烟飘过，说了也白说。

产权问题的症结在“我”一个人能拥有多少自由交易量。由于“我”真的很有限，“我”的时间很有限，精力很有限，生理很有限，有形的一切都很有限，“我”一个人能拥有的自由交易量极其有限——人有本分！甭说以理养人，就是以力服人，“我”也只能进行极其有限的直接交易。一旦交易量超过一定的限度，“我”就不得不找人合作，进行委托—代理。

争议油然而生：被委托的交易属于委托人“我”，还是属于代理人呢？如果交易不是“我”的，凭什么“我”来委托？如果交易完全属于“我”，怎么是代理人在代理？如果代理人一点也没有，交易怎么在代理人控制之下？产权不清的纠纷就此产生！

平常会谈到所谓“两权分离”，即所有权与经营权相分离。这实际上是委托—代理的另一个说法，产权模糊的另一个名称。严格来讲，所有权与经营权是一体而无法分离的，剥离出经营权就已是对所有权的侵蚀，完全分离更是对所有权的严重侵蚀。在活生生的现实中，所有权对经营权失控甚至经营权反控所有权的事时有发生，原因即在于两权本不能分离。

即是说，委托—代理即是产权清晰与模糊的边界，如果一定的交易量不需要委托，没有代理人插足，即完全属“我”，产权清晰；如果一定的交易量需要委托，有代理人插足，就导致产权模糊，甚至产生产权纠纷。一事物只有在属于“我”并且不依赖任何人时，产权才是完全清晰的。

一切组织都天生产权模糊，因为组织意味着委托—代理，而且是以委托—代理为根本基础的。就是最简单的组织——两人合作，都意味着产权模糊，因为既是合作，即表明已经依赖于人，产权还怎么能清晰？

代理人越多，组织的产权愈加模糊；代理的层次越多，组织的产权愈加模糊。拿乙公司来讲，如果张三只委托李四一个人，而不是委托李四、王五和赵六三个人，产权就要清晰得多。如果业务仍汹涌而来，李四、王五和赵六忙得不可开交，乃至他们也不得不委托，就像通常所讲的大包之下有小包，乙公司的产权会更加模糊。

IBM 的前总裁郭士纳曾写道："据我所知，大公司中最让人感到惊奇和沮丧的是：公司中各个不同的部门之间都十分不合作甚至互相争斗，而且其程度非常严重。这还不是个别或反常现象，而是普遍存在的正常现象——无论是公司、大学，还是某些政府机构都普遍存在着这种现象。"这应该可信，一个组织规模越大，人数越多，层级越繁，产权就越模糊。或许，所谓"大机构病"就是从此而来。

项羽为什么要与刘邦单挑

尽管一般只谈论公司产权，但实际上，社会团体有产权，私人基金有产权，公共部门有产权，民间协会有产权，甚至政党、国家、跨国家组织都有产权——一切组织都有产权。

不妨先看一个不可思议的现象，两军对垒，如刘邦集团军和项羽集团军苦打四年的楚汉战争，一个刘家兵与一个项家兵既没有仇，也没有恨，素不相识，但战场上一相遇，二话不说，你把刀口对准我，我把剑锋逼向你，你死我活的，最后双方都可能默默无闻地死去。这是怎么发生的呢？茅于轼先生在多个场合提到过相关问题。

当楚汉战争相持不下时，项羽有点急，也考虑到自己力拔山兮气盖世，刘邦在体力和武艺上不是对手，提出单挑。《史记·项羽本纪》载："项王谓汉王曰：天下匈匈数岁者，徒以吾两人耳，愿与汉王挑战，决雌雄，勿徒苦天下之民父子为也。"认为项羽是大老粗也好，英雄本色也好，反正这话掏心掏肺，楚汉战争确实不过就是刘邦和项羽两个人的注目礼争夺战。刘邦集团军的产权在刘邦，项羽集团军的产权属项羽，其他人都是"陪绑"，为刘邦和项羽做代理。

组织是个“悖论”

组织天生产权模糊，但并非没有产权，不能把产权模糊等同于没有产权，任何组织都是有产权的——用老百姓的话讲，都是有主子的，天下没有无主之物。那主子是谁呢？不是别人，就是“我”——委托人！

组织的产权属委托人，这是显而易见的。原本组织就是由委托人委托而创立，目的就是为委托人节省交易费用，产权自然而然属于委托人。代理人插足虽导致产权模糊，但从属于委托人，没有委托，代理从何谈起？

关于公司产权，像经济学其他基本问题一样，也是谬种流传，最常见的就是：国有公司产权模糊，私人公司产权清晰。这当然是错误的，国有公司固然产权模糊，但私人公司何尝产权清晰？区别其实只在于：国有公司不仅产权模糊，而且委托人模糊，主子不清；私人公司虽然产权模糊，但委托人清晰，主子清晰，是谁的就是谁的。

拿甲公司与乙公司来讲，乙公司虽然也产权模糊，但委托人一清二楚，就是张三，乙公司就是张三的公司；甲公司虽然也有委托人，但委托人不只一个，甚至成千上万，于是出现委托人模糊，近似于无主公司；作为社会公司，甲公司类似于国有公司或公共部门。

虽然也有卓越的国有公司，但从经验看，国有公司不如私人公司更有效率。追根溯源，这应该就是委托人模糊所致，最简单的，它直接引发代理人腐败。在国有公司中，最容易出现所有权对经营权失控甚至代理人反控所有权的现象。就是代理人完全造反，不知不觉把国有公司化有为无，也不是什么难事。道理很简单，国有公司委托人不在现场，而且委托人原本模糊。

私人公司的委托人清晰，因而产权人一清二楚。可最一般的组织的委托人在哪呢？一部分组织的委托人不那么显而易见，甚至相当一部分组织认为自己没有产权人，更没有哪个人站出来声称自己就是主子。但任何组织都有委托人，这是毫无疑问的，要不然，组织从何而来？

美国总统杜鲁门上任后，在椭圆形办公桌上摆了一个醒目的牌，赫然写着：“Buckets stop here！”意思就是，扯皮到此为止。杜鲁门的做法恰如其分，因为总统就是白宫的主子，其他的比如国防部长或国务卿都是总统请的代理，总统负最终责任，还能扯到哪去？

由于人口和规模庞大，大型组织可能包含多重委托—代理，委托之下有委托，代理之中有代理——岂不产生一大批主子？不管一个组织规模如何庞大，层级怎么繁复，但必定也只有一个最终委托人，他委托别人而不被别人所委托。如果说组织是一个金字塔，最终委托人即居于金字塔的最顶端，是整个组织的最高权力者，第一单委托的发出人。

拿甲公司来说，委托人成千上万，而且委托人之间也没有委托—代理关系，是一个个平等的消费者，其主子是谁呢？甲公司实质上相当于公共部门，是整个社会结构的一部分，最终委托人是相关社会结构的最高权力者。也就像国有公司，相当于公共部门，主子是相关社会结构的最高权力者。

既然一切组织最后都属于某一个主子，原则上也像私有公司一样，是私有之物。可为什么相当一部分组织却以所谓的公共部门自居呢？在私有公司，产权人都堂堂正正称“老板”，但公共部门的最高权力者却很少理直气壮地声称自己就是主子，远不是项羽当年那样实话实说，又是为什么呢？

可能包含虚伪的原因，但更重要的原因应在于，公共部门的最高权力者往往是流动的，今年在甲公共部门任书记，明年可能到乙公共部门当“一把手”，后年还可能再挪一挪，所有的公共部门都是一站而已。不像从前的皇帝，“终身制”，而且从子到孙，以至无穷，不改朝换代就是“我”的天下“我”做主。从这一意义上说，现代公共部门的确带有“公共”的性质，最高权力者并非真正的最终委托人。

组织原本就产权模糊，最高权力者的流动使产权的模糊变本加厉，进而导致组织愈加低效，代理人愈加腐败，愈加偏离最终委托人的利益。还不如帝王们旗帜鲜明地叫嚣“朕即天下”，这至少保障了一点：最终委托人与最高权力者合一。

组织实际上可称为“悖论”，一方面属于“我”，产权在“我”；另一方面又不得不依赖于人，进行委托—代理。特别在现代社会，动不动就祭出公共的旗号，更使组织的悖谬荒唐化。

突然想起马克思，他别具慧眼地指出：社会化大生产与生产资料私人占有之间的矛盾，是资本主义社会的基本矛盾。一方面是生产资料私人占有，另一方面却依赖社会化大生产，难道不矛盾吗？

不只是资本主义社会的基本矛盾，这是一切组织的基本矛盾，是“我”进行委托—代理时所面对的基本矛盾，是“我”越过自己一亩三分地时所面对的基本矛盾。孰为“我”不安守本分乎？

宏观窝里斗

代理人造反

注目礼争夺战打到什么地方了？已是委托—代理的时候！在不只三个人的社会上，由于“我”真的很有限，自由交易量极其有限，以理养众的人口规模极其有限，如果窝里面的人数超过一定规模，“我”就不得不进行委托。比如总人口1800，“我”可能把整个窝一分为三，让别人、第三者各代理一个500人的窝，不妨简称“我”窝、别人窝、第三者窝。

这是一个分水岭，不只组织从无到有，更重要的是，“我”、别人、第三者的关系发生了质变，原本三角演义中竞争和平等的关系，虽也有领导，但原则上是竞争和平等的。如今是委托—代理，“我”是委托人，别人、第三者是代理人，属于上下级。

最重要的是，以力服人的幽灵浮上台面。三角演义或窝里斗中，暴力无用武之地，而今的“我”、别人、第三者分别在三个窝里面，没有注目礼之争，当然求之不得，万一有注目礼之争，甚至出现以力服人，怎么办？

“我”当然不会随便对别人、第三者以力服人，作为原领导人，别人、第三者是“我”一路上以理养大的，没必要风云突变，对他们大打出手。何况如今“我”作为组织中的委托人和上一级，对别人、第三者存有依赖，更应该全局在胸，怎可轻易大打出手？孟夫子说过，“惟仁者为能以大事小”。更准确地讲，以大事小必以仁。就像三角演义一样，一如既往的“仁”仍是“我”利益最大化的最佳选择。

但别人、第三者要对“我”以力服人呢？孟夫子也说过，“惟智者为能以小事大”。作为“我”的亲传嫡系，一路行来，交过手，握过手，牵过手，别人、第三者原不应该与“我”再有注目礼之争。更何况如今得获分封，也算是当家做主站起来了，更应该好好珍惜，做好代理，当好使者，以理养众，造福一方。但如果别人、第三者就是不智，就是要挑衅，就是要对“我”以力服人甚至企图取代“我”成为最终委托人呢？

这是完全可能的，一者别人、第三者自身的局限，虽然“我”一直在以理养大，但他们可能未回归自我，本心未见，胸襟未开，意气未尽；二者利益诱惑，存在两次明显的利益诱惑：一是“我”提出委托，别人、第三者可能漫天要价，仿佛抓住“我”难得有求于人的机遇；一是别人、第三者接受代理后，“天高皇帝远”，再讨价还价，甚至绑票索价。总而言之，别人、第三者想的不是以小事大，图的就是以小博大。

从另一层现实考虑，“当家三年狗也嫌”，在过去的三角演义或窝里斗中，别人、第三者完全可能在注目礼上对“我”有隙，认为某年某月某日“我”对他们注目非礼了，如今“我”有求于他们，往事浮现脑海，情绪涌上心头，趁机漫天要价；极端的就是代理人造反，割据一方，甚至要取代“我”成为最终委托人。咋办?

“我”大概只有目瞪口呆的份了，眼前的情景史无前例。三角演义中，如果别人、第三者挑战“我”，只是一对一的注目礼争夺战，充其量是他们俩喊着口号携手而上。而今别人、第三者都是一个规模不小的窝的经营者，一旦真的挑战“我”，绝对不可能一个人前来单挑，别人、第三者会充分利用自己所代理的窝的经营权，兴师动众，气势汹汹奔“我”而来。

这极有可能导致以力服人大兴于世，面对犯上作乱，“我”别无选择，也只有兴师动众，甚至诏告整个组织，包括犯上作乱者所代理的窝在内，主动讨伐。一般而言，别人、第三者不太可能同时或联合犯上作乱，“我”可以充分利用自己原领导人、现委托人、上一级的身份和优势，孤立作乱者，乃至形成不战而胜的态势。但不管如何，“宏观窝里斗”已是现实！

所谓宏观窝里斗，简单地讲，就是组织与组织的对抗，区别于一对一的注目礼争夺战、三角演义和窝里斗。之所以仍称窝里斗，是因为“我”窝、别人窝、第三者窝原本就是一个窝。总体而言，四海是一家，人类也一窝。人类的争斗，无论形式、规模，都是窝里斗，不是宏观窝里斗，就是“微观窝里斗”——三角演义相应可称为微观窝里斗。

为什么“春秋战国乱悠悠”

作为委托—代理，封建当然不是纸上游戏，首先就是周天子“授土授民”，具体包括“胙土”（分配居地）、“赐姓”（赐予姓氏）和“命氏”（给予国号）。诸侯当然也不能无所作为，首先就是注目致礼，对天子称“守”或“守臣”，所谓“诸侯之于天子，曰某土之守臣某”，守应该算得上代理人最准确的名字。

可周王朝后来为什么衰亡了呢？除天子自身的因素外，另一个重要原因就是代理人造反，几乎贯穿整个周王朝。周武王一去世，商纣王之子武庚即于殷地与“三监”叛乱。至东周时期，王室衰微，代理人之间更是打作一团，所谓“春秋战国乱悠悠”。太史公《史记》序言提道：“春秋之中，弑君三十六，亡国五十二，诸侯奔走不得保其社稷者，不可胜数。”

秦始皇重新统一天下后，丞相王绾提出在远地分封诸侯，始皇帝吩咐群臣议论，大家认可，独廷尉李斯表示“置诸侯不便”。道理正是以史为鉴：“周文武所封子弟同姓甚众，然后属疏远，相攻击如仇雠，诸侯更相诛伐，周天子弗能禁止。”意思是说，代理人造反，怎么办？始皇帝最后采纳李斯的意见，废封诸侯，改立郡县。

劣币驱逐良币

宏观窝里斗的最大特征就是以力服人，而且是组织暴力。这直接导致走火入魔，微观窝里斗中，人一个也不能少，更不能死，“我”、别人、第三者相互需要、相互监督、相互尊重，共生共荣；宏观窝里斗中，火药味十足，充满血腥。公元前262—前260年的秦赵长平之战，被认为是中华古代史上规模最大的战役，流血漂杵，秦对赵“前后斩首虏四十五万人”。

为避免血腥，是不是不分封而治，甚至取消委托—代理呢？宏观窝里斗的确走火入魔，冷兵器战争或许还可忍受，热兵器战争更是人死如麻。史料显示，第一次世界大战共造成1600多万人死亡，第二次世界大战共造成5000多万人死亡，不亦人同草芥乎？

但不分封而治甚至取消委托—代理，并不能避免宏观窝里斗。窝里面的人数超过“我”以理养众最大可能的规模，随时可能出现以力服人，甚至大打出手，乃至打作一团，比分封而治更快地出现暴力组织化，比委托—代理更快地滑向宏观窝里斗。咋回事呢？

假设窝里任意两个人，一个小石头，一个小棍子。可能是兄弟，也可能是邻居，也可能是朋友，还可能是亲戚，也可能刚刚认识，甚至可能什么都不是。不管关系如何，发生在眼前的事实就是：小石头和小棍子起哄了！即他们俩之间的注目礼争夺战暂时搁下，不再“阋于墙”，一致对外，以力服人。

人天生是注目礼人，小石头和小棍子的注目礼争夺战为什么会暂时搁下呢？原因应该在于他们俩不是没打过，而是注目礼争夺战已告一段落，可能是小石头用暴力打败了小棍子，也可能是小棍子以理忽悠了小石头，还可能是他们俩受到外界的刺激而被迫携手。不管具体如何，是胁迫，是忽悠，还是别的什么原因，反正一个跟着另一个起哄了。

这当然是新情况，就像一盘散沙，窝里面的人原本一个一个的，大玩窝里斗，谁管谁呀？谁服谁呀？毕竟双拳难敌四手嘛，小石头和小棍子联手出击，甚至分工合作，比如小石头正面诱敌，小棍子背后偷袭，一开始肯定得手，劣币驱逐良币，人一个个被打得落花流水，也一个个甘拜下风而被收编，形成真正的起哄组织。

起哄组织一成形，会出现滚雪球效应，人将不是一个个地卷入，而是一批批地卷入，数量越来越多，一次就可能成百上千；速度越来越快，甚至纷纷向小石头和小棍子奉上“投名状”。道理很简单，面对暴力组织，一个个的个体算什么呢？面对组织暴力，一个个的个体能怎样呢？

当然，刹车可能一开始就遇上脚。小石头和小棍子联手出击某一个人时，旁边一个第三者一足插进来，甚至也实现合作，一致对外。于是两人小组对抗形成，起哄胶着于此，小石头和小棍子甚至可能被打败，起哄就此瓦解。

甚至也有可能：小石头和小棍子第一次联手出击时，对方不是双拳难敌四手，而是力拔山兮气盖世，三下五除二，小棍子折了，小石头碎了，起哄就此烟消云散。

这也是完全可能的：看到小石头和小棍子得心应手，窝里面有人羡慕不已，也另立山头，也拉人起哄，也形成组织，也势如破竹。就这样，群丑登场，群魔乱舞，天下大乱。这在中华历史上有最充分的证明，每每改朝换代，都是群雄并起，生灵涂炭。“夏商周秦汉”是如此，“唐宋元明清”也是如此，甚至不远的民国初期也是一片军阀混战，闹哄哄，你方唱罢我登场。

“我”看在眼里，痛在心上，“长太息以掩涕兮，哀民生之多艰”，立即运用自己以理养众、纵横捭阖、领导三角的领导能力，当下发挥自己气定神闲、把握微妙、春风化雨的领导魅力，迅速建立自己的起义组织，以霹雳手段，显菩萨心肠，替天行道。

组织意味着以力服人，但这是无可奈何的，“我”不得已也。面对起哄组织汹涌澎湃的暴力，以理养人几无用武之地，仁义道德更是“迂远而阔于事情”，滚一边去吧！虽不说以暴易暴，但首先至少要能有力抗暴。这就必须依赖组织，建立起义组织是“我”没有选择的选择！

一旦窝里面的蛋糕分尽，组织之间的宏观窝里斗不可避免，“我”的起义组织与小石头和小棍子的起哄组织甚至别的起哄组织之间的宏观窝里斗势在必行。这也正像中华历史上改朝换代时，天下大乱，有人揭竿而起，有人浑水摸鱼，有人斩蛇起义，有人趁机起哄。你抢你的，我打我的，市场选择，但最后无论起义还是起哄，都得狭路相逢。秦末最后不就剩下刘邦集团和项羽集团冤家路窄吗？

总而言之，如果窝里面的人数超过“我”以理养众最大可能的规模，一旦两个人起哄，以力服人将大兴于世，组织对抗迅速出现，如滚雪球，导致宏观窝里斗平地而起。有点像陈胜和吴广起义一样，一开初可能就他们俩，接着就是越来越多的人卷入其中，以至于滔滔洪水，沛然莫之能御。

两人之争如何到两国之战

有句索马里谚语说得好：“我和索马里反对这个世界；我和我的部落反对索马里；我和我的家族反对我的部落；我和我的兄弟反对我的家族；我反对我的兄弟。”倒过来也成立：一旦我和我的兄弟抱团起哄，就可能把我的家族卷入；一旦我的家族卷入，就可能把我的部落卷入；一旦我的部落卷入，就可能把索马里卷入；一旦索马里卷入，就可能导致国与国之间的战争，乃至整个世界一卷而入。

这并非纸上玩笑，据《吕氏春秋》载，卑梁是楚国与吴国接壤的边境城邑，春天采桑叶时，两国姑娘常在一起嬉戏。一次吴国姑娘伤了卑梁姑娘。卑梁人很生气，带着伤者去责备。吴国人应答不恭，卑梁人恼羞成怒，一气之下杀之。吴国人大举报复，杀了楚国人一家。

守邑大夫知道后，兴师问罪，把吴国人一家杀了，一个也没放过。吴王夷昧得知后，勃然而怒，率兵攻打边城。就这样，事情闹腾至国家级别，吴楚两国开战了。吴国一个叫光的公子率领军队在一个叫鸡父的地方大败楚军，接着又攻打郢地，俘获了楚平王的夫人。

风起青萍之末，掠于秀木之梢，两个姑娘之间的嬉戏最后导致两个国家之间的战争，起哄就是如此一发而不可收拾。

为什么讲忠诚

不进行分封而治，是自下而上地导致宏观窝里斗，即起哄；进行委托—代理，是自上而下地导致宏观窝里斗，即代理人造反——实质也是起哄。这两者的区别在于：代理人能挪用经营权把一窝人迅速拉下水，不比一般人起哄要经历一番滚雪球的过程。即是说，如果窝里面的人数超过“我”以理养众最大可能的规模，宏观窝里斗不可避免。

既然不可避免，就只能“两害相权择其轻”，是一般起哄更容易导致宏观窝里斗，还是代理人起哄更容易导致宏观窝里斗呢？回答是一般起哄！因为一般起哄随时随地可能发生，哪里有以力服人，哪里就可能起哄。甚至当起哄大规模发生时，“我”还蒙在鼓里——窝里面的人数已超过以理养众最大可能的规模，“我”又不是三头六臂，受蒙蔽完全可能。

如果分封而治，代理人应能观测到自己所代理的窝的起哄动态，甚至也能进行及时的干预，灭火救生，以理养人，领导三角，扼杀起哄于摇篮之中。毕竟一小窝的人口可控制在以理养众的最大规模之内，而且“我”委托的代理人应该也具备一定的以理养众的艺术和魅力，毕竟都是“我”一路以理养大的。

如果代理人不能有效干预，还可报告于“我”，顾问于“我”，求助于“我”，一切在可控之中。退一万步讲，即便起哄已导致比较严重的宏观窝里斗，在分封而治的情况下，也仍然是局部的火，在一个小窝之内。总而言之，代理人是一道很好的观测站和防火墙，有比没有要好。

为防止可能的代理人起哄，在委托—代理时，“我”还可以给代理人加派副手，既配合工作，同时也起监督作用，从而大幅度提高代理人起哄的交易成本。《礼记》对这一点毫不含糊，最重要的人事任免权在“天子”，有所谓“大国三卿，皆命于天子”；国君只有次要的人事任免权，有所谓“小国二卿，皆命于其君”。

当然还存在其他办法，比如说彰显产权人地位的“巡守”，据称尧舜时代就已存在，始皇帝更曾乐此不疲，十二年中五次巡游。为防止代理人起哄，“我”本人可以出巡，不时到代理人的窝里面走走看看，掌握一线动态，必要时还可以搞点模糊性威胁。

就是说，如果窝里面的人数超过“我”以理养众最大可能的规模，委托—代理作为“我”利益最大化的最佳选择，不容置疑！取消委托—代理，固然没有代理人起哄，但人人都能起哄，反而在现实上更刺激起哄，形成群众运动。甚至作为“我”亲传嫡系的别人、第三者也蠢蠢欲动，乘机要求分而治之。与其后来被动委托—代理，不如先主动分封而治。

问题是如何防止代理人起哄！有很多文章可做，比如“我”在委托—代理时，“丑话讲在前头”，与代理人签订一系列君子协定，付出多少，回报什么；此如何，彼怎样。但说一千道一万，都不如代理人本身来得重要。切记，无论什么契约，包括委托—代理本身在内，都是以力服人。不仅需要执行成本，更重要的是，以力服人不是心悦诚服，要是代理人口头接受，心里反对，岂不都成一纸空文？

那如何选择代理人呢？首先应该是能干，如果不能以理养人、领导三角，甚至连简单的灭火救生都干不来，做什么代理人呢？这正是“我”首先选派别人、第三者充当代理人的原因所在，毕竟他们俩是“我”一路上以理养大的，属于第一级亲传嫡系，多少也知道点灭火救生之道。

当然，如果窝里面发现其他的能干之士，擅长以理养人，甚至领导艺术非凡，“我”更是求之不得。这是毫无疑问的，之所以要进行委托，目的就在于节省交易费用，原因就在于“我”真的很有限。如果代理人根本不能安抚一方，达不到节省交易费用的目的，甚至帮忙不成反添乱，要之何用？

其次应该是可信。所谓可信，简单地讲，就是丢得开手、放得下心。这不仅毫无疑问，甚至更加重要。“我”之所以首先选派别人、第三者充当代理人，原因更在于他们俩是“我”一路上以理养大的，“我”知根知底，甚至知面知心，他们的性格、风格和品格如何，缺点在哪，优点为何，“我”都心中有数，真有注目礼之争，交流起来也方便。

窝里面的能干之士或许不少，但因为离“我”较远，“我”并不知根知底，如果不是比别人、第三者出色得多，“我”对代理人的首选可能还是别人、第三者。最怕的就是能干而不可信，毕竟这不是一般的行为，而是委托—代理，是要把一小窝托付出去，天字第一号的就是作为委托人的“我”能放心。如果“我”心里不踏实，甚至还悬在半空中，老是担心“睡在身边的赫鲁晓夫”，委托于人岂不反成了自找麻烦？

帝王们都大肆提倡“忠”。中华历史上，罪大恶极恐怕莫过于不忠。秦桧即因为奸与叛，不仅白铁无辜——所谓“青山有幸埋忠骨，白铁无辜铸佞臣”；而且祸及“桧”字与“秦”姓——所谓“人从宋后羞名桧，我到坟前愧姓秦”。真可谓遗臭万年！看看周围，有谁的名字用“桧”？

不只是帝王们，一切委托人都讲忠，包括企业老板在内，都需要忠诚，忠诚是委托人的相思之最。所谓忠诚，理想上讲，就是委托人与代理人交易费用为零，代理人的经营完全符合委托人的意愿。

唯有忠诚，代理人才有可能为“我”节省费用；唯有能干，代理人才可能为“我”节省交易费用。这就是代理人的选择标准，可谓“德才兼备”吧！更准确地讲，“德”还有点空，实质就是“信才兼备”！论座排次，忠诚应该是第一位的，能干可能得屈居第二。

圣明的周武王怎么选择代理人呢？当然有能干之士，所谓“贤贤表德”，即分封有德的功臣，如姜尚封齐。事实上，周武王还曾大举分封前领导人的子孙后代，《史记》载：“武王追思先圣王，乃褒封神农之后于焦，黄帝之后于祝，帝尧之后于蓟，帝舜之后于陈，大禹之后于杞。”

但主要是任人唯亲，按《荀子》的记载，“立七十一国，姬姓（周武王本姓）独居五十三人”，比例高达四分占三。客观地讲，一定程度上，特别在某些情势下，任人唯亲无可厚非，的确节省交易费用。似乎也看不到异议，恰恰相反，当是时也，任人唯亲被堂而皇之地称为“亲亲建国”，以昭“亲亲之义”。

怪乎哉？不怪也！中华语文一“信任”泄尽天机：唯可信，方能任。或许令能干之士心中不快，但没办法，这就是现实，是委托人“我”决定的，是由“我”真的很有限决定的！

能人为什么要多向领导靠拢

一个人能否胜任某桩事，通过一定的测验可得到比较准确的结论。可“知人知面不知心”，一个人是不是忠诚，不容易判别。这导致委托—代理的一大流弊：任人唯亲！既然一个个都琢磨不透，那就快刀斩乱麻，尽可能用自己人吧，管他能干与否，至少丢得开手、放得下心，于是七大姑八大姨呼呼地走马上任了。

周天子任人唯亲是要自己担责任的，当是时也，整个天下的产权人就是周天子。可如今的公共部门呢？不仅产权模糊，而且委托人模糊，最高权力者与最终委托人不合一。导致最高权力者挟公共以谋私利，没有谁对整个组织或最终委托人真正担责任，自己人出事与自己无关，任人时是自己的人，出事了是组织的人。

对付的办法还是有的，首先就是能干之士主动靠近自己上面的委托人甚至最终委托人，加强了解，建立信任，甚至成为委托人的自己人。能干之士切记一点，不能自命清高。

其次也可建立一系列专门制度，防止无节制的任人唯亲。商鞅变法曾提出“连坐”，令最亲密的夫妻也不能有所包庇。这可能有些不近人情，但在干部任用上，引入一定的连坐——即对自己任用或提拔的人担责任——未尝不可，或能有效杜绝组织低效甚至腐败现象。

奴隶制为何最有效

虽然“我”可以对代理人多多把关，尤其对忠诚度反复考察，甚至为提高忠诚度，不惜与代理人建立亲缘关系。比如把“我”的女儿许配给代理人，或是命“我”的儿子迎娶代理人的女儿。好笑吗？一点也不！被称为一代明君的李世民不就把自己的宗室女文成公主远嫁吐蕃王松赞干布了吗？

但代理人还是有可能起哄，毕竟组织天生产权模糊，再加上前边所分析的自身局限和利益诱惑，代理人难免以身试法。尤其残酷的现实中，代理人对“我”或许高度忠诚，可“我”总有山陵崩的一天，一旦接班人上位，高度忠诚还能延续吗？

典型的可能莫过燕王朱棣，对朱元璋是忠诚的，但对父亲指定的接班人也就是建文帝朱允炆一点也不客气，直接取而代之——瞧，够亲的吧，朱允炆是朱棣的亲侄，不还是造反了吗？就是圣明如周武王，任人唯亲，可几代之后，亲缘之间最后不也如李斯所云“相攻击如仇雠”吗？

一旦代理人起哄，宏观窝里斗即不可避免，“我”怎样才能取得胜利呢？宏观窝里斗虽然本质上仍是注目礼争夺战——产权人之间的注目礼争夺战，但与微观窝里斗甚至一对一的注目礼争夺战的打法截然不同，尽管也可以“上兵伐谋”，甚至不战而屈人之兵——本质上也属于以理养人——但宏观窝里斗主要就是暴力征服，没有力量，断不可行！

如何才能获得力量呢？当然不是“我”一个人锻炼身体，而是“我”一整窝要获得力量。首先就是组织化，凝起来绳子一股，铺开来铁板一块，伸出去拳头一个，整个组织仿佛“我”一个人。原本就是组织产权人的对抗，“我”组织如“我”一人，不过就是宏观窝里斗的底色。

俗话说得好，慈不掌兵。为获得海量力量，达到“我”组织如“我”一人的目的，“我”必须断然放下过去以理养人的仁政，以法治窝，甚至军事化治理。外敌当前，谁不服从“我”组织的统一意志，谁就违法，就法办谁。

七国争雄，秦国当初并非力量最强的，但最后之所以能脱颖而出，灭六国而一统天下，与秦的以法治国密不可分。尤其商鞅变法后，秦国更是厉行法治。秦王嬴政是个虔诚的法家信徒，读到韩非子的著作后，曾感慨地说：“若得见此著者，死而足矣。”

正是厉行法治使秦高度组织化，万众一心，排山倒海。在七国的军队中，秦兵应该是最勇敢的。至今可从秦陵兵马俑中感受到，放眼望去，偌大的俑阵，没一个士兵戴头盔。专家考证，这不是秦军缺乏做头盔的经费，而是秦兵一个个都是敢死队。据称秦兵上战场前大量饮酒，一上来就不顾性命，甚至袒胸赤膊，令人不寒而栗。背后原因就是秦国有一套行之有效的功勋授爵制度，成功实现组织化。

为克敌制胜，“我”组织还必须分工合作专业化，进一步提升生产效率。亚当·斯密说得好，分工合作提升经济效益。事实上，组织化即意味着“我”组织内部的奖惩司法。没有司法的分工和专业，就难以令行禁止，谈何组织化!

接下来最要紧的分工专业应该就是武器装备。光有两只拳头，暴力极其有限，甚至微不足道，必须进一步延伸人的自然暴力——搞武器装备，乃至全副武装，直到牙齿。科学技术甚至自然科学本身，或许就是这样诞生的：为克敌制胜，“我”窝为武器装备绞尽脑汁又费尽心机，专门组织一班人琢磨各种杀人的玩意，结果开发出一套体系性的东西，这就是科学技术，其爸妈的名字叫暴力征服。

组织化加专业化再加科技化，最后结果可能就是人的物化，“我”组织好比一架暴力机器，甚至可以说就是一架炮车，人一个个都是炮车上的零部件。“莫斯科不相信眼泪”，既然以力服人已大兴于世，大敌当前，要的就是炮车的效果，没有人的物化，行吗?

不只是“我”组织，也不只是起哄组织，包括公司乃至整个社会在内，任何组织要克敌制胜，人都不得不物化，越物化，效率越高，效益越好。被称为“新经济史学之父”的1993年诺贝尔经济学奖得主罗伯特·福格尔通过考证指出，奴隶制在经济上极其有效，之所以被废，不是因为经济，而是政治原因。这应该是符合史实的。作家邓刚在一部叫《我叫威尔逊》的小说中把“物化就是生产力”刻画得淋漓尽致：

> 富丽豪酒店像一架巨大的赚钱机整日转动不止，十来个港先生和七百个雇员齿轮在发疯而规矩地旋转，把机场、海港和车站下来的客人飞快地转进来，转出去，往复不止。一切的动作语言笑容礼节温柔亲切全是为润滑和加速这个转动。上下级之间、各部门之间、酒店与客人之间一片 OK 拜拜好啊由先生好——但绝对没有一丝感情。随着时间推移，你会觉得你同酒店的沙发、茶几、花瓶、柱子没什么两样，都是这架机器中的一个什么东西。我像电动玩具一样楼上楼下跑动，我甚至都不会踩错昨天踩过的脚印。标准层以上每层楼我需要走二百二十九步，一直到总统房间下面我需要走七千零九十九步，这绝对不会差一个脚指头。除了工作，港先生永远不和你谈别的什么，那种商业性微笑使你感到远超过冷若冰霜。但你不得不信服地感到，正是毫无情感才使酒店这架赚钱机转动得规律而有节奏。如果你真正能变得像沙发门窗那样严于职守，酒店就会达到最高效率。

沙王天下

“朕”即天下

宏观窝里斗是走火入魔的注目礼争夺战，不仅对外暴力征服，人死如麻；而且对内以法治窝，人皆物化。更可悲的是，除产权人之外，组织中的其他人都是被绑架的，不客气地讲，都是炮灰！与“三角演义”或微观窝里斗一比，宏观窝里斗真的是天良丧尽——要打到什么时候？

一对一的注目礼争夺战中，别人是“我”的注目礼出品人，“我”和别人是共生的；“三角演义”中，“我”、别人、第三者更是明确的共生共荣。但在宏观窝里斗中，“我”组织与起哄组织不共戴天，只要起哄组织一息尚存，“我”就不能善罢甘休，消灭是“我”利益最大化的最佳选择！

组织之间为什么不能共生甚至共荣呢？很简单，起哄组织是以力服人形成的，更是以力服人的工具，导致整个窝注目礼配置偏离最优，必须灭之而后快。想想也是：起什么哄呢？有什么注目礼之争，单挑嘛！凭什么把无辜的人拉下水？

就这样，“我”组织这一架炮车高炮连射，起哄组织一个个被打得七零八落，流血漂杵。各起哄组织产权人不是被打死，就是被活捉俘虏，抑或自知罪恶滔天，于败军之际自杀身亡，活下来的陪绑者被“我”组织收编，整个天下被“我”组织一统。

微观窝里斗存在着圆融的时分，宏观窝里斗存在着一统的时候。七国争雄不可能老是争来争去，永无止境，最后一统于秦；三国演义也不可能老是演来演去，没完没了，最后一统于魏；世界大战也不可能老是打来打去，永不休歇，“一战”最后是协约国取得胜利，“二战”最后是反法西斯同盟取得胜利。

一对一的注目礼争夺战中，可能出现“我”和别人的冷战或冷和状态。宏观窝里斗中，也可能出现“我”组织和起哄组织冷战或冷和的局面。“春秋战国乱悠悠”，这是总体而言，从局部看，即便战国争雄，也有相安无事的阶段。但冷战或冷和都不会长久，原因很简单，拥有海量暴力的“我”组织和起哄组织很难真正互信。

不妨从微观窝里斗的角度设想一下：“我”拥有一颗原子弹，别人也拥有一颗原子弹，第三者也拥有一颗原子弹，尽管也三角演义，但会出现其养融融的局面吗？虽然“我”、别人、第三者三个人的力量相当，但要让原子弹威胁下的三角演义走上以理养人的康庄大道，首先必须销毁原子弹。要不然，当事三方绝难建立信任。

秦赵长平之战，主帅赵括突围阵亡后，赵军四十万向白起投降，但没能保命，白起“乃挟诈而尽坑杀之，遗其小者二百四十人归赵”。秦楚巨鹿之战，当章邯投降后，秦军主力部队跟着投降，但也没能保命，“楚军夜击坑秦卒二十余万人新安城南”。

为什么搞定之后还要大规模杀降呢？原因就在于信任问题，坑杀之前，白起表示：“前秦已拔上党，上党民不乐为秦而归赵。赵卒反覆。非尽杀之，恐为乱。”坑杀秦军降卒前，项羽也有类似的表示：“秦吏卒尚众，其心不服，至关中不听，事必危，不如击杀之。”这也是古代政治斗争为什么动不动就满门抄斩甚至灭族的原因，宏观窝里斗容易埋下复仇的种子。

信任原本最难，宏观窝里斗中，由于组织性暴力对抗，信任更是近于零。从1969年11月起，美国和苏联派代表在赫尔辛基和维也纳开始战略武器谈判。双方都老谋深算，认为对方跟自己一样，不安好心，致使谈判搞了7轮123次，长达两年半之久。美国总统卡特后来评论说：“那时候，即便最真诚的建议，也会被认为是阴谋诡计。”

这正是“我”为什么坚决消灭起哄组织的原因，根本尚不在起哄组织挑战“我”，而是起哄组织的存在摧毁信任，制造紧张，暴力征服成为时尚。这在春秋战国时有最充分的反映，尤其战国时期，周室衰微，天下无主，暴力泛滥成灾。刘向在《战国策》序中痛心疾首地写道：“暴师经岁，流血满野，父子不相亲，兄弟不相安，夫妇离散，莫保其命，湣然道德绝矣，晚世益甚。”

消灭起哄组织的统一之战符合天下大势，历史潮流，越快越好。张良算得上是一位大智大慧者，为尽快结束楚汉相争的乱局，谋划了一系列节约交易成本的策略，有些看起来十分残忍，比如离间项羽和范增的关系，但为天下计，张良都毫不犹豫地按计而行。

天下万物皆得有主，整个天下也必须有主，产权清晰。那天下是谁的呢？消灭起哄组织而一统天下正是要为天下确定一个产权人。事不关己，高高挂起，必须要有一个人声称天下就是自己的，才可能真正为天下担责任。战国时期，合纵伐秦曾运作五次，但多数流产，仅一次略有战绩。何也？合纵天下，产权人不清也！

这正是秦始皇的丰功伟绩，在经历乱悠悠的春秋战国后，天下重新一统。的确应该“劝君少骂秦始皇”，事实上，始皇帝对自己的历史价值心中有数。李斯起草的绎山石刻写道：“乃今皇家，一家天下，兵不复起。”诚哉！唯有“一家天下”，产权人清晰，方能“兵不复起”，天下太平。

《吕氏春秋》有一个“执一”篇，明白写道：“天下必有天子，所以一之也，天子必执一，所以抟之也。一则治，两则乱。”但据称，吕不韦赞同“天下者非一人之天下，乃天下人之天下”，始皇帝则不苟同。一代大儒张横渠放言：“为天地立心，为生民立命，为往圣继绝学，为万世开太平。”如果这不是胡言乱语，不正与“一人之天下”相得益彰吗？以天下为己任，是圣人与王者的共同愿望。有意思的是，也正是从始皇帝开始，原本人人可用的第一人称代词“朕”成为皇帝专用，最常讲的恐怕就是“朕即天下”——没错，“朕”即天下！

为什么空气不值钱

空气人人必需，人几分钟不呼吸，就得呜呼哀哉。可为什么空气一文不值乃至如今被严重污染呢？据称目前经济学的回答是：不稀缺！价值是由稀缺程度决定的，空气虽极重要，但不稀缺，故不值钱。

想起来似乎如此，但实是典型的似是而非。微软公司的视窗软件稀缺吗？一点也不稀缺，就微软公司而言，它几乎可以无限复制，甚至使 Windows 像洪水一样泛滥于全世界，可 Windows 为什么还价格高昂呢？

答案应在于 Windows 有人代表，是一个有主之物。而空气呢？一个无主的东西，没有人代表，这就是为什么空气不值钱，甚至被严重污染；整个地球生态都被严重败坏，因为整个地球也是个没主的财产。以天下为己任的“朕”在哪呢？

不只是空气和地球，真理、正义和未来，乃至一切美好的事物，都必须有主，都必须由人代表，而且必须有人代表，而且还必须转化为利益由人来代表，要不然，没有“我”，一切都是空的。

没有敌人真烦恼

起哄组织被“我”组织消灭，一切组织都被“我”组织消灭，四海澄清，天下一统，“朕”即天下——接下来呢？

是不是立即回趟老家？这不是一般的大富大贵，作为天下共主，衣锦还乡略显俗气。那是不是大肆享受一番注目致礼？的确可以这么做，作为一统天下的主，平定宇内，威加四海，初登大宝，令普天之下向“朕”注目致礼，未尝不可。始皇帝不就大耍了把威风吗？不仅独占一“朕”字，而且“除谥法”，不允许后代随便评价自己，更认为自己“德兼三皇，功包五帝”，合二为一称“始皇帝”。

但威风岂能天天耍，尽管天下共主，此乐何极，但同样边际效应递减，说不定耍个两三回就腻了，“朕”迟早得回到现实中来，而问题已摆在桌上：一统的天下怎么办？是眉毛胡子一把抓，还是分封而治，委托—代理？

眉毛胡子一把抓，不可能，因为“朕”真的很有限，即便允许以力服人，暴力征服的规模也极其有限。“朕”一个人不管怎么折腾，毫无疑问，都极其有限。于是就只有委托—代理的选择，岂不又回到起点？“朕”才刚刚从代理人起哄导致的宏观窝里斗中缓过气来呀！

据《史记》记载，这也正是秦始皇一统天下后遭遇的难题。丞相王绾提出应在远地分封诸侯，博士淳于越甚至提出“事不师古而能长久者，非所闻也”。但始皇以史为鉴，赞同廷尉李斯所担心的代理人起哄，最后“分天下以为三十六郡，郡置守、尉、监”。

殊不知，郡县制虽废了诸侯，但除不了委托—代理，不过是改代理人固定制为流动制而已。诸侯是固定的代理人，而且世袭；郡守是流动的代理人，不仅取消世袭，而且分权制衡，有“守”、有“尉”、有“监”。始皇帝的确英明，这大大提高了代理人起哄的交易成本。但代理人流动使郡一级的产权模糊化，会产生一些副作用。

难题首先还不在于代理人流动抑或固定、郡一级的产权是模糊还是清晰，而在于“我”组织，这才是真正的烫手山芋。“我”组织不是起义组织吗？不是为“朕”消灭了起哄组织吗？不是为“朕”澄清了天下吗？既有大功劳，也有大苦劳，咋成烫手山芋了？

原因很简单，不以力服人原是“我”利益最大化的最佳选择，之所以搞组织，“我”不得已也，完全是因为起哄组织的刺激，全部目的也就是消灭起哄组织。而今起哄组织灰飞烟灭，敌人没了，外部威胁没了，偌大的“我”组织怎么办？

当然可以继续驾驭甚至控制，毕竟是“我”发动的起义，组织由“我”一手创建，“我”是最终委托人。但这并非没有代价，需要“我”的领导成本（领导成本是交易成本的具体形式之一）。小规模还好，组织稍大一点，委托—代理的次数一多，委托—代理的层级一多，更需要“我”付出巨大的领导成本。

更要命的是，宏观窝里斗中，大敌当前，“我”驾驭甚至控制起义组织，目的是替天行道，“我”自己理直气壮，跟着起义的广大群众也认为合情合理合法——不要小看，这一点能为“我”节约一大笔领导成本。可如今敌人没了，企图继续驾驭甚至控制起义组织，“我”就需要付出更加巨大的领导成本。

另一方面，敌人没了，曾经高度紧张的起义组织也自然而然地要松懈下来，毕竟战时状况就是战时状况。即便富丽豪酒店的威尔逊先生，也有一个八小时之外，如果一天到晚都那么绷着，恐怕早崩溃了。一个人是如此，一个组织也是如此，毕竟组织就是由一个个的人所组成。这一点也决定：“我”如果企图继续驾驭甚至控制组织，需要付出更加巨大的领导成本。

总而言之，应了电影《天下无贼》中的一句台词：队伍不好带了。天下一统后，如果“朕”企图继续驾驭甚至控制组织，就需要付出超巨大的领导成本。即便“朕”权欲熏心，喜欢搞组织并控制组织——实质是集权和专制——热衷于天下一盘棋的状态，也会心有余而力不足。甚至搞不好，“朕”都光荣了，鞠躬尽瘁，死而后已。

始皇帝生于公元前259年，一生追求长生，但崩于公元前210年，刚刚五十岁，寿命应该说短。怎么死的呢？相关史料十分欠缺，《秦始皇本纪》只提到“至平原津而病”。怎么病的呢？王立群先生提到劳累过度的可能。这应该可信，相比于封建制，郡县制的集权度明显高得多，皇帝的工作量自然更大。据称，始皇帝每天批读的竹简达120斤（折今60斤）。“朕”也是血肉之躯，长此以往，身体难免吃不消。

更可怕的是，继续保留“我”组织，甚至把整个天下纳入组织化体系，对产权人“朕”极其不利，还不是一个简单的领导成本问题，“朕”甚至都有可能因此而丢掉产权人的宝座，乃至身家性命。为什么呢？容易发生再起哄！

就是说，当起哄组织灰飞烟灭，敌人没了，“我”组织的人民内部矛盾会集中爆发，甚至一分为二，重现一敌一我。《诗》不是早就提醒说“兄弟阋于墙，外御其侮”吗？一旦外侮已御，兄弟又重新阋于墙了。

起哄是从两个人的合作开始的，然后其他人被卷入。再起哄也是从两个人的合作开始，然后其他人被卷入。但再起哄会让更多的人更迅速地卷入，因为这是在已经高度组织化的社会起哄，人不是一个一个地被卷入，甚至也不是一小窝一小窝地被卷入，而是一个小集团一个小集团地被卷入，滚雪球效应将来得更迅猛。

在高度组织化的社会上，人扎堆一块，远不是最初一盘散沙的状态，已经有起哄的组织基础，起哄成本低得多。就像陈胜和吴广在大泽乡发动起义，由于六国旧贵族的不满以及秦的暴虐统治，社会上处处放着干柴堆，一旦有人点火，顿时风起云涌，叫秦二世吃不消，兜着跑，来之不易的天下一统土崩瓦解。

当然，再起哄也可能不是直接针对作为天下共主的“朕”，而是“我”组织的人民内部矛盾，是一小集团对另一小集团起哄，或者一小窝对另一小窝起哄。可即便内部起哄，对“朕”也极其不利，至少会让组织内部较高层的代理人认为“朕”的领导有问题。如果“朕”处理不好内部起哄，矛头极其可能转向“朕”。

再考虑到对“朕”产权人宝座的阴谋和野心，继续保留组织更令“朕”心惊胆战。由于委托—代理的关系，“我”组织的结构呈金字塔式，底座大，中间小，顶头尖。金字塔底座的某两个人再起哄，只要发现得早，“朕”可以低成本应付；金字塔中间的某两个人再起哄，已是较高层的代理，“朕”需要高成本应对，因为他们背后站着一大批人；要是金字塔底层的再起哄与较高层代理人的再起哄相呼应，“朕”必须高成本应战，麻烦相当大，天下共主的宝座完全有可能被抢走，天下重陷暴力泥潭，广大群众生灵涂炭。

继续保留组织，不仅需要超巨大的领导成本，更容易导致再起哄，而且二者可相互作用，即领导不到位导致再起哄，再起哄又导致领导难度加大，恶性循环，最后导致“朕”的领导崩盘，天下大乱，历史进入循环。一统天下的秦朝二世而亡，真正的稳定期只能算始皇帝在位的十二年，不正是一个极其严重的恶性循环吗？

岂不是说继续保留组织对“朕”有百害而无一利吗？不错！道理其实很简单，“朕”能利用组织消灭起哄者，起哄者为什么就不能利用组织消灭“朕”呢？敌人没了，“朕”就成为敌人了！

“杯酒释兵权”对谁有利

韩信是汉开国大将，劳苦功高，但得不到高祖信任，最后惨死于吕后之手，而且祸株三族。早此之前楚王在位时，韩信就一度被刘邦设计生擒，当下愤愤不平地表示：“天下已定，我固当烹！”这真的必然？事实胜于雄辩，诛杀有功之臣的帝王不在少数，特别是明太祖朱元璋，几乎一个也不放过。

《道德经》云：“功成身退，天之道。”不知老子的本意是什么，这句话的确让人受用。天下一统后，对有功之臣而言，最明智的选择就是功成身退。同为汉开国功臣，张良即深谙功成身退之理，最后名身双全。

功成身不退，特别是“我”组织的高层代理人功成身不退，容易导致领导成本走高，一者最终委托人“我”难免产生怀疑，一者高层代理人的确有再起哄的资本，本人或许没有野心，但谁能保证没有野心家来怂恿呢？从历史经验看，野心家差不多也是“十步之内，必有芳草”。宋太祖赵匡胤不就是被人怂恿着黄袍加身的吗？

或许正因为感同身受，革命胜利后，赵匡胤搞了个酒局——“杯酒释兵权”。不少人都指责：宋太祖为什么就不能多容一容石守信等一干有功之臣？的确，宋太祖可以大度一些，但“杯酒释兵权”未尝就不是石守信等人利益最大化的最佳选择，荣誉有了，实惠也有了，还要怎样？难道也等待着像赵匡胤一样黄袍加身？

云彩的上面是什么

继续保留组织对“朕”有百害而无一利，莫非消灭起哄组织后必须对自己一手创建并凭借过的起义组织自裁？

曾国藩以裁撤湘军的实际行动作出回答！当洪秀全的太平军席卷大半个中华时，“绿旗兵”节节败退，几无招架之功。此情此势，满清朝廷不得不起用汉人军队，曾国藩领导湘军乘机崛起。可削平太平军后，便有大臣向咸丰皇帝进言：去了一个洪秀全，来了一个曾国藩。

这并非空穴来风，湘军攻破南京后，的确有许多高级将领劝曾国藩拥兵自重，水兵统帅彭玉麟甚至递上小纸条：“东南半壁无主，涤丈岂有意乎？”以当时湘军的士气和实力，乘机北上，胜算还是有的。但曾国藩可能忠君思想甚重，悄然裁撤湘军，求得一个“花未全开月未圆”。

那“朕”是不是当初就该留一手，不消灭或不完全消灭起哄组织呢？断不可行！消灭起哄组织是“朕”在宏观窝里斗中利益最大化的最佳选择，如果留一手，后患无穷，甚至有可能使“朕”反被起哄组织所灭，宏观窝里斗是你死我活的。

即是说，旧的敌人必须消灭，如果希望继续保留组织，唯一的可行方案就是寻找新的敌人，确立新的目标。对一个组织而言，没有敌人是极其危险的，所谓“无敌国外患者，国恒亡”。反过来讲，面对敌人，一个不凝聚的组织也是极其危险的，所谓“攘外必先安内”。

敌人的确是灵丹妙药，不仅安内，而且胜外。问题是：而今宇内澄清，海不扬波，天下一统，“朕”乃天下共主，到哪寻找敌人去？何以发现新目标？全人类存在一个共同的目标或敌人吗？

敌人或许谈不上，但目标确实存在，甚至可说渺渺茫茫，又多又大。英国皇家天文学家马丁·瑞斯爵士曾指出，宇宙至少包括1000亿个银河系，每个银河系有1000亿颗恒星，这意味着星体总数比地球上全部沙滩和沙漠上的沙粒总和还要多。如何？“航天之父”齐奥尔科夫斯基曾表示，人类不断地争取生存空间，起初小心翼翼地穿出大气层，然后征服整个太阳系。从整个宇宙看，征服太阳系算什么？连万里长征迈出第一步都远远扯不上！

人类已走出地球，甚至已有仪器飞出太阳系，航天活动更是如火如荼。可这里真的有什么全人类共同的目标吗？一上太空，回望地球，的确让人油然而生出人类一体的感觉。1968年12月，在“阿波罗8号”飞船上，登月舱驾驶员威廉·安德斯拍下一张地球正在升起的照片，诗人阿奇波德·麦克利许慷慨陈词：“现在知道了我们是真正的兄弟。”

不幸的是，像地球上别的任何地方一样，兄弟们把外太空搞成了注目礼争夺战的舞台。火星是距地球最近的行星，承载着人类的遐想和希望。冷战期间，苏联和美国都曾大举探索。苏联1962年发射“火星1号”探测器，揭开探测火星之幕；美国紧随其后，1965年发射“水手4号”行星际探测器飞越火星。专家们指出，美苏火星探测虽是科学探索，但更重要的是在进行政治较量。实际上，掰手腕显而易见，因为当苏联后来的探测接二连三失败乃至停顿时，美国也跟着没下文了。

更有意思的是，美国的下文又有了。2003年12月4日，美国主要媒体报道了布什总统将在莱特兄弟飞行100周年纪念会上宣布美登陆火星的计划。第二天，俄罗斯的下文也来了，俄罗斯的两家主流媒体《真理报》和《莫斯科商报》，突然公开了一直处于秘密状态的俄登陆火星的计划。

电视片《大国崛起》结尾问道：云彩的上面，将会是什么呢？是人类和平与发展的温床，还是未来大国竞争的疆场？答案应该是后一项！19世纪的法国政治学家阿历克西·托克维尔说过，人们似乎是热爱自由，其实只是痛恨主子。可仿造一句：人们似乎是热爱太空，其实只是互别苗头！

现实的回答更是斩钉截铁：云彩上面就是注目礼争夺战的新战场！这一点可能最鲜明地反映在卫星上，自1957年第一颗人造卫星上天，据美国“关注科学家联盟”2005年12月发布的卫星数据，绕地飞行的各类卫星共795颗。但不幸的是，一半以上属于美国，高达413颗，其中纯粹军用的高达90多颗，其中40颗更属于美国国家侦察办公室掌握的绝密。

人类没有征服大自然的使命，也没有征服外太空的使命。弗兰西斯·福山不是曾高谈阔论“历史的终结”吗？历史终结后，自然科学是不是将成为人类真正的共同目标，并服务于征服大自然而开辟天疆呢？当高谈阔论“科学的终结”的约翰·霍根向福山提出类似的问题时，电话那头的福山只是窃笑，甚至轻蔑地笑出声来。

一切组织都是有产权人的，天下亦不例外，人类亦不例外。哪有什么人类甚至全人类呢？有的只是具体的利益，有的只是一个个的集团，有的只是一个个的组织，有的只是一个个的人——“我”。硬要说目标的话，人的目标只是人！硬要说敌人的话，人的敌人只是人！

还天下于天下

旧的敌人不得不灭，新的敌人子虚乌有——怎么办？别无选择，天下一统后，“朕”利益最大化的最佳选择只剩下一种：解散自己一手创建并凭借过的起义组织！

这不是兔死狗烹吗？不错！但与其说是兔死狗烹，不如说是狗与“朕”双赢。“朕”追求不以力服人，消灭起哄组织其实是消灭以力服人，解散起义组织其实是进一步扫除以力服人。这不只是“朕”利益最大化的最佳选择，也符合组织内其他所有人的最高利益。

要是狡兔已死而走狗不烹呢？走狗就有可能变成坏狗，乃至咬人，最终使走狗死得更惨，轻于鸿毛，因为走狗追咬狡兔的功劳这时候已大打折扣了。某种程度上，解散组织，还不是狗与“朕”双赢，而是狗比“朕”赢得更多。尽管继续驾驭甚至控制组织，需要超巨大的领导成本，但在一定的时限和程度内，“朕”还是可以营私舞弊的，趁着组织一盘棋，上一批个人大项目，比如命令组织为“朕”修造一个超豪华的陵墓，或是建造一项“朕”所偏好的伟大工程。只追求短期利益，“朕”完全可以这么干，而且也并不会太难，毕竟“朕”是组织的最终委托人，“君子之泽”嘛，更何况还大权在握。始皇帝不就上过好几个完全个人的大项目吗？

如果闹情绪，最不适应的恐怕非“朕”莫属。组织是从委托—代理生发的，呈金字塔式构架，由顶端经中间向底座传递最终委托人的意志，高高在上的“朕”享受的就是集权和专制，而今“朕”不得不挥刀自裁，吾谁与归？若为图一时之快，“朕”死活都不愿解散组织。

有道是：“不谋万世，不足以谋一时；不谋全局，不足以谋一隅。”短期利益岂能压过长远利益？谁的算盘子拨得比“朕”更精呢！这一刀必须毫不犹豫地砍下去，解散组织，解散天下，一盘散沙，“朕”做天下的沙子王！

怪乎哉？不怪也！人是注目礼人，原本就一个一个的，像一粒一粒沙子一样，解散天下不过是使天下返本归元而已。个人是最基本的社会构成单位，也是最高的社会构成单位——这的确是漂亮话，也几乎成了西方政治学的口头禅。可个中三昧呢？他人假传万卷书，而今真道一句话：解散天下，个人本位，一盘散沙！

这不正是自由民主的实现吗？集权与专制的本源就在于组织，而今组织解散，集权与专制自动瓦解，当然就是自由民主，何足怪哉！耐人寻味的倒在于：解散天下原是“朕”利益最大化的最佳选择，但竟然“随风潜入夜，润物细无声”，带来的却是普天之下的利益最大化。就是说，这既是产权人“朕”一人的天下，同时又是天下所有人的天下，相反相成。

何谓自由？何谓民主？整个西方思想云里来雾里去，虽然“笔尖蘸干洞庭湖”，却是“踏破铁鞋无觅处”。何也？不知“我”也，不由“我”也！哲学社会科学领域，包括专攻成本与效益算计的经济学在内，任何一个概念，如不是“我”算计而来，不符合“我”的利益最大化，细一想，都似是而非；想到底，都一塌糊涂。

所谓自由民主，一句话画完龙点出睛，就是还天下于天下，还每个人于每个人，“朕”沙王天下！衡量人群自由民主度的根本指标在组织化：组织化程度越低，自由民主度越高，极致是一盘散沙，人人自由民主；组织化程度越高，自由民主度越低，极致是全局一盘棋，人人皆成螺丝钉。

一对一的注目礼争夺战中，最后是“我”还别人于别人，不再以别人的注目礼为转移；三角演义中，最后也是“我我”，还别人于别人，还第三者于第三者；宏观窝里斗中，最后也是“我”解散组织，还天下于天下，还每个人于每个人，一人之天下等于天下人之天下。

岂不殊途同归？必须的！原本只有回“我”于“我”、还人于人才构成均衡，无论什么样的注目礼争夺战，只要博弈完全充分，只要机关完全算尽，只要成本与效益的算计进行到底，最后都必定还人于人、回“我”于“我”。

不也是个圆吗？必须的！原本“我”就是“我”，不管什么样的注目礼争夺战，回“我”于“我”都是“我”最大的利益，还人于人都是“我”利益最大化的最佳选择，“我”真正的利益最大化必定同时也是人真实的利益最大化，二者构成一个清晰的圆：还人于人方能回“我”于“我”，回“我”于“我”自然还人于人。还是那句话，注目礼人原本是人性太极。

历史也画了一个圆，天下原本一盘散沙，要是没有起哄，就不会有组织对抗，就不会有起哄组织，就不会有“我”建立起义组织，就不会有宏观窝里斗，就不会有高度组织化，就不会有“我”起义组织消灭起哄组织，就不会有“我”挥刀自裁，解散组织，还天下于天下，重归一盘散沙。岂不陷入历史循环，起哄的悲剧周而复始地重演？

第九章

当“我”君临天下……

天助“我”也

先天下之忧而忧

历史的确有可能陷入循环，原本一盘散沙的窝，经历起哄导致的组织化阶段，最后重归一盘散沙。且不管历史如何循环，反正这构成整个窝注目礼福利最大化的最佳选择，当然也符合“我”的利益最大化原则。

但历史更有可能堕落下去。原因即在于宏观窝里斗极其可能成为持久战，先是“我”组织重创起哄组织，后是起哄组织重创“我”组织，打作一团，难解难分，生灵涂炭，天下一统遥遥无期。

一对一的注目礼争夺战中，“我”很容易对别人进行肉体消灭。但宏观窝里斗中，“我”组织很难对起哄组织进行肉体消灭，复仇（被称为“人脑中的核武器”）的种子必定埋下，除非实行种族大灭绝；要不然，组织就有可能起死回生，卷土重来。

春秋争霸时，吴国和越国不就打了好几个回合吗？先是越王勾践败吴，后是吴王夫差败越，勾践屈膝投降，孙子做到极处，充当马夫，甚至为夫差尝粪。但事情并没完，勾践取得信任后，养精蓄锐，东山再起，大败吴国，夫差求降不得而自杀。

即便天下一统，“我”也不一定做得成“沙王”。倒不是“我”性喜集权和专制，不愿意解散组织，而是还天下于天下谈何容易。就像创建组织需要巨大的领导成本一样，解散组织也需要巨大的领导成本，尽管“我”是组织的创建者，解铃还须系铃人；也尽管在敌人没了的情况下，“我”组织会有松懈下来的自然趋势。

代理人尤其高层代理人无疑是一道难题，受“我”之托，忠“我”之事，怎么也算有功之臣，可如今“我”不得不解散组织，他们往哪搁？当然可以启动吃喝住穿方面非注目礼利益的赎买，也可以成立中央顾问委员会，但要是他们恋权呢？宋太祖与其说是聪明的，不如说是幸运的，石守信等一干高层代理人不仅充分理解，而且充分配合，高高兴兴回老家享福了。

建文帝就倒霉了，朱元璋驾崩后不久，尽管是孙子接过爷爷的棒，但还是一朝天子一朝臣，建文帝急不可耐地对各地的一级代理人，绝大部分是他的叔叔，一一动手，废的废，流的流，杀的杀。但冤家路窄，最后遭到实力强大的燕王朱棣的激烈反抗，发兵“靖难”，口口声声“清君侧”，结果把建文帝本人清得无影无踪。

不只是高层代理人可能恋权，整个天下在结构上都可能积重难返。宏观窝里斗最主要是暴力的较量，为获得海量暴力，对抗双方不得不大搞组织化、专业化和科技化，结果使天下形成一整套与战时状况和暴力生产相适应的软硬件结构，东边坛坛，西边罐罐，解而难散。

最明显的问题就是暴力工具怎么办。为着克敌制胜，组织必定大力发展暴力工具，推动兵器生产。而今天下一统，即便不追求不以力服人，“我”也必须尽可能销毁暴力工具。要是火药的配方流落民间，立即“奉天承运”，下一道诏，要求火药只准用来做烟花，不得做枪造炮。道理很简单，暴力工具会助长以力服人，即便不能完全销毁，也必须有效控制民间的使用。

再比如，为提高生产暴力的能力和效率，“我”组织修建了高速路网络。而今天下一统，如何处理？拆解，可“我”组织可能已对其产生依赖；不拆解，怎么去组织化？这容易使人堕落为流寇，窝里面动不动大打出手，然后通过高速路网络逃到另一个地方；或干脆借用高速路网络在外边长期流窜，以力服人，抢财劫色。

为一统天下，秦国兴建了一系列大工程，不仅先后修建了都江堰、郑国渠和灵渠，还修建了以都城咸阳为中心的“驰道”，堪称世界公路的鼻祖。甚至铁路鼻祖也非秦莫属，有报道说，在河南南阳山区发现秦代“轨路”，与现代铁路无大异，区别只在于秦时由马力拉动。

尤其这一整套与战时状况和暴力生产相适应的软硬件结构，大部分也可用来改善非注目礼方面的吃喝住穿，并且效果会极其显著，对广大群众和各级代理人甚至包括“朕”本人在内，都极具诱惑。各种因素和利益相纠缠，解散组织谈何容易，还天下于天下谈何容易！极其可能，整个天下被代理人恋权和结构上的积重难返所绑架，根本还不了，历史从此堕落下去，徒留“朕”一人“先天下之忧而忧”。

无名为什么弃杀秦王

七国争雄时，齐国趁燕国内乱，齐宣王“五旬而遂举燕”，但由于暴政致燕民造反，齐军两年后不得不退出。由于齐国灭宋，公元前284年五国攻齐，燕昭王趁机大举复仇，对齐国穷追猛打，一路攻到齐国都城临淄，派“昌国君”乐毅镇守。但五年后田单用火牛阵把燕军驱逐，齐国起死回生。

整个七国争雄难解难分，乃至也催生出一大批纵横家，甚至“联合国秘书长”，比如佩六国相印的苏秦，秦国最终一统天下可说是历尽艰难曲折。“秦王扫六合，虎视何雄哉。挥剑决浮云，诸侯尽西来”——这的确是秦王嬴政最后的痛快，但更准确的说法应是贾谊在《过秦论》中所言：“及至始皇，奋六世之余烈”。

苦心经营从秦孝公就已开始，如果包括秦王嬴政在内，一共是七代秦王为一统天下前赴后继地奋斗，达两百多年之久。其间多次遭遇合纵之局，如苏秦在公元前287年成功策划五国攻秦；实际上早在公元前318年，公孙衍就组织了以楚怀王为“纵约长”的第一次“五国伐秦之战”，足见一统天下之难。

始皇帝曾谈道“天下共苦，战斗不休”，一“苦”字实话实说，也是当时有识之士的共同看法。电影《英雄》扣住了这一点，刺客无名在离秦王嬴政十步之远的最后关头放下刺杀念头，在内心深处与秦王产生共鸣：冤冤相报何时了，天下的确应该一统，再也不能宏观滥杀了。秦王是真正的大英雄，无名也是真正的大英雄。

为什么一方水土养一方人

令“朕”略感欣慰的是，上帝耶和华赞同去组织化。《创世记》第十一章载：

那时，天下人的口音言语都是一样。他们往东边迁移的时候，在示拿地遇见一片平原，就住在那里。他们彼此商量说：“来吧，我们要做砖，把砖烧透了。”他们就拿砖当石头，又拿石漆当灰泥。他们说：“来吧，我们要建造一座城和一座塔，塔顶通天，为要传扬我们的名，免得我们分散在全地上。”耶和华降临，要看看世人所建造的城和塔。

耶和华说：“看哪，他们成为一样的人民，都是一样的言语，如今既做起这事来，以后他们所要做的事就没有不成的了，我们下去，在那里变乱他们的口音，使他们的言语彼此不通。”于是，耶和华使他们从那里分散在全地上，他们就停工不造那城了。因为耶和华在那里变乱天下人的言语，使众人分散在全地上，所以那城名叫巴别（就是“变乱”的意思）。

这当然是寓言，并不一定真的有一大伙人在建造通天塔，也没有谁能够一下子就把一大伙人遣散，并且还为遣散的人制造一大堆语言。寓言的本意应在于：大自然原本是一盘散沙而非组织化的软硬件结构，不会或难以出现聚众滋事，众不能聚，事自不滋。

一盘散沙的硬件结构主要表现为大自然的交通非常不发达。打开地图一看，原生的大自然中，真正适合人类生存的地方并不多，即便适合人类生存的地方，也往往被高山、大河、湖泊、沼泽、森林、沙漠或其他自然障碍所分割，难以连成一片。大自然的交通非常不发达，可保证人类不会过分聚集。

一盘散沙的软件结构主要表现为大自然的交流非常不发达。三里不同风，五里不同俗，八里不同言。这个部落说的是“鸡”语，信奉鸡的生活方式，风俗和习惯都是鸡的；好不容易翻过两座山头，山脚下是另一个部落，这个部落说的是“鸭”语，信奉鸭的生活方式，风俗和习惯都是鸭的；好不容易涉过一条大河，河旁边是又一个部落，这个部落说的是“鱼”语，信奉鱼的生活方式，风俗和习惯都是鱼的。

这就是大自然的交流非常不发达，所谓“一方水土养一方人”，也可保证人类不会过分聚集。即便已经聚众，也因为语言、风俗、习惯、信仰和生活方式上的不同而难以滋事，组织成本高也——鸡和鸭怎么一起起哄呢?

位于亚澳大陆之间的新几内亚岛或许能充分反映大自然一盘散沙的结构特征。首先是交通极其不便，全岛多山，群山盘结，延绵不断，整个陆地被崎岖的地形分割成数以千计的特定区域，低地地区沼泽遍布，高原地区则交替出现陡峭的山岭和狭窄的峡谷，低地和高原四周还分布着茂密的丛林。实地考察过的演化生物学家贾雷德·戴蒙德表示，在新几内亚岛野外作业，每天前进 3 英里已非常之快，传统的高原居民一生中离家外出从来不超过 10 英里。

可能正因为交通支离破碎，交流更是支离破碎。虽然相对大陆来说，新几内亚岛是弹丸之地，但却是世界上语言最集中的地方。全世界有多少种语言呢？在 2004 年美国科学促进会年会上，专家公布的最新调查数据是 6809 种。新几内亚岛就占六分之一，达 1000 多种，分几十个语族，而且不是一般的方言，许多相互独立，就像英语和汉语一样，恐怕只能剩下鸡同鸭讲。据称，在所有新几内亚语言中，差不多有一半语言，说的不到 500。

交通非常不发达，交流非常不发达，两者共同决定：按大自然的原生结构，人即便聚集，规模亦极其有限；就是组织，也充其量组织成部落，而且部落的人口规模会极其有限。事实上，在组织化文明已经出现的古希腊时代，亚里士多德就承认，人类合理的秩序充其量是扩展到传令官声音所及的范围，拥有十万之众的国家是不可能的。

这一点得到人类学强有力的印证，考古和研究表明，直到至少4万年前，几乎所有的人都还生活在族群中，大多数人直至11000年前仍然如此。一直到大约7500年前，人类才第一次不得不经常与陌生人打交道——用注目礼争夺战的话语讲，才首现窝外斗的可能。

前边论证“我”以理养众时，没有讨论具体人数，但肯定了一点：由于“我”真的很有限，“我”以理养众的人数极其有限。现在的论证表明：大自然生就一盘散沙的结构，所允许的人口聚集规模极其有限。这两个极其有限不正相呼应吗？没错，大自然是支持“朕”当“沙王”的，而且是结构性和基础性支持！

为什么天命难违

在原生的大自然中，起哄受到大自然的天命节制，即便有人要聚众滋事，企图起哄，能滋的事也大不到哪去。如果一个人真要起哄，甚至实现组织化，滋出点动静来，必须首先突破大自然的天命，可能至少得跨越三道天堑：生产粮食、发明文字和群众疾病。

“老天饿不死瞎眼雀”，天地既生人，天地自养人，大自然应该能满足人的基本需要，或采集，或狩猎，就可以优哉游哉地生活下去。但一定的地域只能满足一定的人口，如果要聚众，即人口密度超过一定的边界，就必须发展农牧业。人口密度再上升，甚至牧业也必须放弃，只能发展农业，尤其粮食生产。按食物的卡路里来计算，设每英亩土地可养活以采集狩猎为生的人为10口，那可养活以牧业为生的人为100口，可养活以农业为生的人能高达1000口。

聚众也要求加快人口再生产，要不然人从哪来呢？这也需要向农牧业发展，甚至定居下来。若以采集狩猎为生，母亲就不得不经常流动，怎么生养众多孩子呢？人类学的研究显示，在采集狩猎部落，母亲生育间隔大约为4年；而农业部落，母亲的生育间隔只有2年左右。

但粮食生产极其不易，经^{14}C测定，确系独立发展出粮食生产的地区，全球只有5个：西南亚、中国、中美洲、南美洲安第斯山脉地区和美国东部。粮食生产的出现之所以困难，不仅因为地理和气候因素十分重要，更因为动植物的驯化十分困难。

粮食生产首先需要作物品种，这就需要驯化野生植物。资料显示，已发现的野生植物大约50万种，会开花的20万种，但只有几千种可供人类食用，仅有几百种能或多或少地驯化。小麦、玉米、稻米、大麦、高粱、大豆、马铃薯、木薯、甘薯、甘蔗、甜菜、香蕉，这十几种作物的产量，占现代世界作物年产量的80%以上，都是一代接一代经过漫长的千年驯化而来，现代人没有驯化出甚至一种重要作物。

粮食生产仅靠人力不够，必须依靠畜力，比如耕地和运输，这就需要强有力的动物。资料显示，全球大约只有148种大型野生哺乳类陆生食草动物或杂食动物能为人类所用，但只有十几种通过了人类的驯化试验，包括通常所见的狗、猪、牛、马、驴、水牛、绵羊、山羊、骆驼。这也是一代接一代经过漫长的千年驯化而来，现代人也没有驯化过甚至一种重要动物——请注意，驯化非驯服，可驯服的动物多得多，比如大象被驯服，但没有被驯化。

正因为驯化之难，西南亚被认为是最适合生产粮食的地方，好多没有或不能独立发展出粮食生产的地方之所以也生产粮食，就是从西南亚扩散和传播过去的。但迟至公元前9000年，这一片状如一弯新月的富饶之地仍没有任何作物和家畜，人们完全依赖野生食物。

粮食有了，可以聚众了，甚至可养育一大批滋事的专业人士和领袖了，但真正要滋起事来，还必须得有一样东西，这就是文字！就人的组织而言，文字的重要性怎么吹捧也不过分。没有文字，人类就难以从过去学习。一代接一代，但历史在每一代几乎都是新的，白纸一张。没有文字，人与人的交流都大受限制，何谈组织！

但文字的出现极其不易，或许比粮食生产的出现更加不易。资料显示，无可争辩的独立发明文字，全球只有两例：一是稍早于公元前3000年美索不达米亚的苏美尔楔形文字，一是公元前600年墨西哥印第安人的中美洲文字。另有两例是不是完全独立发明还有些怀疑，一是公元前3000年的埃及文字，一是不迟于公元前1300年的中国文字。其他的文字都来自借用和改造，比如日本文字即借用和改造自中国文字。

时间上看，文字的出现明显比粮食生产出现的晚。这是自然的，吃的问题都没有解决好，手中一点余粮没有，搞什么文字呢！资料显示，文字最先也是专职人员使用的，可说是人群组织化程度提高的一个明显标志。

传染病为何称“群众疾病”

余粮有了，文字也有了，应该可以聚众滋事了，特别是文字的出现带来的技术积累乃至专业化，组织化程度大大提高。但有可能事还没滋起来，好不容易聚起来的人一个个不见了，甚至一大片一大片地消失了，乃至整个人群一个也没留下，就像中了上天的诅咒。

这就是传染病！史料显示，公元6世纪，东罗马帝国被一场瘟疫——后推测是淋巴腺鼠疫——几乎毁灭殆尽，人成千上万地突然死去。以弗所的圣约翰记述道：“每一个王国、每一块领地、每一个地区以及每一个强大的城市，其全部子民都无一遗漏地被瘟疫玩弄于股掌之间。”

不聚众也可能得传染病，因为有些传染病是动物身上或土壤中生存的病菌引起的，比如黄热病的病毒就是非洲野猴携带的。但大部分传染病的病菌依赖于人，包括整个近代史上作为人类主要杀手的天花、流感、肺结核、疟疾、瘟疫、麻疹和霍乱等传染病的病菌，都只能在活人体内生存。就是说，如果没有足够多而且足够密的人口，大部分传染病难以维持自身的存在。正是在这一意义上，传染病被称为“群众疾病”。比如麻疹，有研究表明，人口少于50万的地方，麻疹可能就要消失。

耐人寻味的是，大部分传染病都是粮食生产的副产品。粮食生产不得不依重驯化动物，导致人与动物的亲密接触，包括接触动物的体液、血液和粪便，进而使动物疾病有了向人转移的机会，最后演化成人类传染病。这也正是狩猎采集部落极少有传染病的原因。

这一点时间上得到某些印证，好几种为人所知的传染病都出现在粮食生产甚至城市出现以后。从埃及法老拉美西斯五世的木乃伊上的疑似天花痘痕推断，天花应该出现在公元前1200年左右，流行性腮腺炎出现在公元前400年，麻风病出现在公元前200年。

传染病当然不容易对付。1348年，黑死病肆虐整个欧洲，几年间消灭了欧洲四分之一的人口，有些城市死亡人数高达70%。第一次世界大战前后，流行性感冒肆虐全世界，估计共夺走了2500万人的生命。公元前1156年，埃及法老拉美西斯五世疑似因染天花去世，但一直到1979年10月26日，世界卫生组织才正式宣布：人类已经消灭天花。

迄今为止，人类消灭的传染病也就天花一种，但因人类活动而导致的新传染病却滚滚而来。专家曾表示，近几十年来，平均每年都有10种新病毒横空出世。

1997年4月7日，在第50个世界卫生日上，世界卫生组织再一次为传染病预警，主题就是："全球警惕，采取行动，防范出现新的传染病。"或许从聚众起，人类就中了天谴，再也逃不出群众疾病的阴影！

欧洲凭什么征服美洲

欧洲移民为什么能远涉重洋征服偌大的美洲大陆呢？一般的回答是欧洲移民船坚炮利，可问题是：相对于美洲几千万印第安人（各方统计差别比较大，具体在1500万到1亿不等），再怎么船坚炮利，数量微不足道的欧洲移民也是石沉大海，何谈征服？

1519年，西班牙殖民者科尔特斯率领600个西班牙人在墨西哥海岸登陆，企图征服拥有好几百万人口而且勇猛好战的阿兹特克帝国。凭借技术优势，第一次袭击取得胜利，但再次袭击时，阿兹特克人就变乖了，展开了极其顽强的巷战。

历史的真相是欧洲病菌！1520年，一个感染天花的奴隶从古巴来到墨西哥，形势急转直下，大量阿兹特克人因感染天花而死，科尔特斯不战而胜。在整个美洲，欧洲病菌都远远地走在前面，充当征服者的开路先锋，消灭了绝大部分美洲土著，据估计比例高达95%。

欧洲病菌从哪来的呢？正是从粮食生产和驯化动物而来。比如说麻疹，极有可能就是从人最亲密的动物朋友牛身上转移而来的，因为麻疹病毒同牛瘟病毒亲缘关系最为接近。那美洲病菌为什么不予以还击呢？戴蒙德在《枪炮、病菌与钢铁》中提出，答案在于美洲的驯化动物品种不如欧洲的多，与人的关系也疏远——这应该是可信的。

地球为什么如此寂寞

粮食生产极其困难，文字发明又极其困难。即便突破这两道天堑，群众疾病也可能"从天而降"。为防止人类的聚众滋事，大自然称得上煞费苦心。再考虑一盘散沙的结构所形成的“围追堵截”，大自然真可谓机关用尽。

或许正因为这样，当欧洲人18世纪来到澳大利亚时，被眼前的景象惊呆了：没有牧业，没有农业，没有弓箭，没有金属，没有坚固的房屋，没有定居的村庄，更谈不上有文字。澳大利亚土著是流动或半流动的以狩猎采集为生的原始人，住在临时搭建的简陋小屋中，最主要的工具就是石器。一位早期的法国探险家禁不住感慨：“他们是世界上最悲惨的人，是和没有理性的野兽差不多的人。”

今天的人可能难以理解粮食生产和文字发明的困难，某种程度上，在原生的大自然中，一个人要生产粮食和发明文字，就像今天的人要征服太空一样。没有相当的人口规模，没有相当的技术积累，没有相当的综合实力，一个组织怎么可能飞天呢？月球是距地球最近的天体，“明月几时有，把酒问青天”，向往月亮是很多民族的梦想，但迄今为止，仅有美国、俄罗斯、日本、中国、印度及欧盟成功发射过探月仪器或卫星，仅有美国宇航员在月球成功漫步过。

曾几何时，特别是古代，谈到飞天时，更多的是理想主义，甚至是梦幻般的诗意。但在气候变化日益严峻的形势下，飞天多了份紧迫感，似乎正成为现实的选择。2004年4月，当美国的“勇气”号和“机遇”号探测器相继成功登陆火星后，美国国家航空航天局曾组织大型国际研讨会，探讨如何把火星改造成“小地球”。

按某些科学家的说法，这也非一般的现实，而就是宿命。如一位叫施皮格尔曼的生物学家——其伟大贡献是第一次从无生命物质中创造出有生命实体——就表示：地球被人类败坏，然后人类不得不举头望星空，这是基因中早已注定的。

人类的第二地球在哪里呢？2007年4月，当欧洲天文学家宣布发现行星“Gliese 581C”时，一部分人好不兴奋，因为Gliese 581C与地球环境相似，尤其表面温度相当。但Gliese 581C真的是第二地球吗？

别的且不论，光距离就令人绝望。Gliese 581C的母星虽属于距太阳最近的100颗恒星之列，但也远在20.5光年之外。据计算，即便乘坐当前最快的宇宙飞船，也需要50亿年才能到达。退一万步讲，就是以光速飞过去，也需要区区20年。谁敢飞这个天呢？肉包子打狗啊！

太空其实是横在地球面前的一道天堑，就像原生大自然的交通非常不发达一样，也像粮食生产和文字发明极其困难一样，目的是防止人类聚众滋事。如果轻而易举可以跨越，可想而知，太空早已沦为注目礼争夺战的舞台，就像电影《星河舰队》或《独立日》中那样，人类驾着宇宙飞船互相厮杀；真有外星人，战争的场面可能更壮观，也更悲惨。

真的是老天长眼，宇宙浩瀚无边。美国科普大师卡尔·萨根在《接触未来》

中有一句名言："宇宙比任何人所能想象的还要大，如果只有我们，那就太浪费空间了。"就是要这样浩瀚，就是要如此浪费，要不然，人类永远也不会有反求诸己的压力和机会！

孙悟空有七十二般变化，闹天宫，搅龙宫，强者为尊应让我，英雄只此敢争先，要做"齐天大圣"。玉帝最后也答应了，事情发生在《西游记》第四回：

> 玉帝即命工干官，即张、鲁二班，在蟠桃园右首，起一座"齐天大圣"府，府内设个二司：一名"安静司"，一名"宁神司"。司俱有仙吏，左右扶持。又差五斗星君送悟空去到任，外赐御酒二瓶，金花十朵，着他安心定志，再勿胡为。

人类正需要安心定志！谈到飞天时，理论物理学家史蒂芬·霍金曾表示："它不会解决这个地球上我们面临的任何紧迫问题，它让我们更多地向外看，而非向内看。"霍金或许言者无心，但人类当前的确需要向内看，不能光看外面深不可测的太空，更重要的是返观人自身深不可测的内心。

地球被孤零零地扔在无边无际的寂寞太空中，正是要促人反求诸己，乃至征服自己，发现自己，回归自己。极其可能，太空将超越粮食生产和文字发明，构成人类永远也无法跨越的天堑。美国国家航空航天局的愿景旗帜鲜明："改善这里的生命，把生命延伸到别处，在更远处找到别的生命。"别老盯着远方的玫瑰，还是就一身了一身吧！

我们是不是外星人

是不是存在外星人呢？这可能也算得上是困扰现代世界的一大难题。尽管多个国家启动过搜寻外星人信息的空间探索行动，如美国的"奥兹玛计划"，也到处闹"UFO"（不明飞行物），但迄今为止，未发现任何外星人存在的证据。似乎从来没人细想一下：外星人对我们究竟有什么意义？找到外星人，能给我们带来什么？

想起毛主席的趣味哲理思考：我们算不算神仙？一般人肯定认为不算，因为神仙住在别的星球，是天上人，我们是地上人，只能叫凡人。但反过来一想，从别的星球看，我们不也是天上人吗？毛泽东在多个场合表示，认为我们不能叫神仙，是一种迷信。

我们其实也是外星人，可我们知道自己吗？连自己也不知道，为什么要舍近求远探知外星人呢？1969年7月21日，当阿姆斯特朗在月球上迈出“全人类的一大步”时，美国著名作家奥登（W. H. Auden）诗兴大发，写了一首叫《登月》（Moon Landing）的长诗，已成为20世纪最有名的诗之一，有几行的确发人深省：

> 登月是个壮观的姿态，但它究将走往何处？
> 它的意义究竟何在？我们对事情
> 比起我们对生命远较熟练，我们在勇气上
> 也比仁慈更灵光，打从
> 人们找到了第一块燧石，登陆月球就成了
> 为时早晚的问题，但我们自己就像亚当
> 仍难称真正够格，我们所谓现代
> 也只有这方面而已——我们仍少了人间的义理！

更发人深省的可能是《道德经》的话：“不出户，知天下；不窥牖，见天道。其出弥远，其知弥少。”恐怕要把“哈勃”太空望远镜活活吓坏！

“我”助天也

天子：赞天地化育

“我”真的很有限，以理养众的人数更是极其有限。幸运的是，天助“我”也，大自然不仅是一盘散沙的原生结构，而且一道道天堑横亘于前，聚众不易，滋事更难。最有幸的是，即便起哄者披荆斩棘，一路到全球化，外太空还构成一道无法跨越的天堑（可相当于既有经济学所谓“约束条件”）。

真正要说沙王天下，可能还是老天厉害，地球不正是茫茫宇宙中一粒孤零零的沙子吗？“朕”充其量是个“副沙王”，所谓“二把手”，助理。大自然一盘散沙的结构是“朕”的作品吗？不是！粮食生产极其不易是“朕”的作为吗？也不是！群众疾病是“朕”的作为吗？更不是！就是“朕”本人，都是大自然的一部分，一路上对成本与效益的算计心就是大自然赋予的。

《礼记》云：“君天下曰‘天子’。”最高的王者之所以称“天子”，极其重要的含义就是以天为则，做天的助理。尧是传说中的一代圣王，《论语·泰伯》中孔夫子明确地感慨了一句：“大哉尧之为君也！巍巍乎！唯天为大，唯尧则之。”

一“王”字就别出心裁地表明：所谓王，就是上天之子的角色。按董仲舒《春秋繁露》中的解释：“古之造文者，三画而连其中，谓之王。三画者，天、地与人也；而连其中者，通其道也。取天、地与人之中以为贯而参通之，非王者孰能当？”

这正是儒家所追求的“赞天地之化育”，原本天化地育，大自然生养万物，“朕”作为二把手，利益最大化的最佳选择就是以天为则，从而助天地之化育（“赞”是助的意思）。《中庸》认为，一个人做到极致——所谓“至诚”与“尽性”，实质即“我”把利益最大化的算计进行到底——就是与天地并立为三。《中庸》云：

> 唯天下至诚，为能尽其性；能尽其性，则能尽人之性；能尽人之性，则能尽物之性；能尽物之性，则可以赞天地之化育；可以赞天地之化育，则可以与天地参矣。

怎么赞天地之化育？一言以蔽之，尽可能地去组织化！虽不能使天下完全一盘散沙，但也要尽可能促进天下沙子化，这是毫无疑问的。组织化文明容易出现聚众滋事，甚至一发不可收拾，严重偏离自由民主。以天为则，一心一意做沙王，是“朕”同时也是整个天下利益最大化的最佳选择。

技术含量多高为宜

具体来讲，首先可能得限制技术的创造和使用。技术是组织化文明的“集成电路”，每一次重大的技术革新，几乎都导致人类组织化程度的大幅提高，最后的结果是整个社会成为一架大机器，人成为社会大机器上的螺丝钉，不仅自由民主丧失殆尽，甚至绝大多数人的命运落入少数人掌中。

一般主张对技术要辩证看待，固然可以军用杀人，但更可以民用，作为生产力。这应该符合事实，尽管技术首先往往都是军用，但后来都转化为生产力，大举改善非注目礼方面的吃喝住穿。

是不是将技术限制在纯粹民用上呢？不太可能！就像可以从军用转为民用一样，技术也可以从民用转为军用。早在春秋时期，管子就发现了玄机，明确提出：“耕器具则战器备，农事习则攻战巧矣。”意思是说，农民和农具向后一转即成为战士和兵器。

农具杀人还蛮有效率的。加特林机枪是最早的实用型连射火器，发明人是19世纪的美国人理查·加特林，灵感就来自纯粹民用的自动播种机。时值南北战争爆发，加特林原希望自己发明的机枪能尽早结束内战，但后来目睹数以千计的士兵因之死伤，不禁痛心疾首。

真正的问题是：人类究竟需要多大的生产力？如果说以人为本，人是极其有限的，站起三碗饭，躺倒三尺床，发展技术的目的何在，是有个界，还是没个度？中华历史上，技术虽不说很早就受到抑制，但地位的确不太高尚，所谓“奇技淫巧”。在指责商纣王荒淫无道时，《尚书》就提道：“作奇技淫巧，以悦妇人。”

对科技“奇技淫巧”的指责一直没能洗刷掉，反而在欧洲人的坚船利炮到来时强劲复兴，更频繁地出现在晚清一部分士大夫的话语中。被认为顽固派首领的一代帝师倭仁曾向自己的学生同治皇帝奏曰：“立国之道，尚礼义，不尚权谋；根本之图在人心，不在技艺。”

实在讲，倭仁的话并没有错，要说错，也只错了一个地方，应该把“立国之道”改为“立天下之道”或“立国平天下之道”。在宏观窝里斗的阶段，面对起哄组织，必须大力发展技术，尤其兵器技术，以促进暴力生产。只有天下一统之后，抑制奇技淫巧才是“朕”利益最大化的最佳选择。在欧洲殖民者大举到中国起哄时，倭仁反对洋务运动，高谈阔论仁义道德，迂腐之至！

还是始皇帝精明，兼并六国前，秦国的技术发展最快，农耕中广泛使用铁锸、铁锤和铁铲；一统天下后，技术的发展可能受到一定的抑制，倒不是有意限制技术，而是为降低统治成本和防止再起哄，始皇帝不得不销毁暴力工具。《过秦论》写道：“收天下之兵，聚之咸阳，销锋镝，铸以为金人十二，以弱天下之民。”这应该是可信的，据称金人高达7.5米、重达60吨，之所以无一个留传至今，原因是历史上被人重新回炉别用。始皇帝巡游各地所刻的纪功碑亦可见证当时的销毁暴力工具的行为：

> “乃今皇帝，一家天下，兵不复起。”（邹峄山碑）
>
> “皇帝一并海内，以为郡县，天下和平。”（琅玡碑）
>
> “阐并天下，灾害绝息，永偃戎兵。”（东观碑）

“黔首安宁，不用兵革。”（琅玡碑）

这些碑刻，一方面显示出“春秋战国乱悠悠”，始皇帝一统天下的确大有功于世；另一方面显示出始皇帝对“子孙帝王万世之业”的自信，重要原因之一应在于暴力工具被销毁。原本“耕战”一体，始皇帝在销毁暴力工具时，极其可能也使民间的冶炼与铸造业受到摧毁，导致技术发展的中断。

“天下武功出少林”是怎么来的

不只始皇帝，历朝历代都在民间禁兵，程度不同而已。在北宋风俗画《清明上河图》中，士农工商，男女老幼，各色人物无所不备，据称共有1643人，而且写实性强，但据发现，没有一个人挎刀携剑。

禁得最厉害的可能算“只识弯弓射大雕”的元朝。《元史》显示，仅元世祖忽必烈，就曾三次下诏禁民间持有兵器，如至元二十六年四月“禁江南民挟弓矢，犯者籍而为兵”。实际上，民间甚至连菜刀也是多户共用。

不只禁兵，而且不同程度禁武，也以元朝为甚，最后导致武术在民间失传甚多。因为蒙古人尊崇佛教，更由于少林寺方丈雪庭福裕与元太祖成吉思汗有些个人关系，少林寺得以独步天下，并迎来兴旺发达的高潮，如日中天。“天下武功出少林”便是这么来的。

大一统的社会都存在限制甚至销毁暴力工具的趋向，另一个例子就是日本。1543年，两个葡萄牙人携原始火绳枪抵日本，种子从此播下。经半个世纪的发展，日本已被认为是当时枪支最多也最好的国家。但拐点就此到来，据称由于武士阶层不欢迎，1600年，日本政府开始限制枪支，直至几乎无枪支可用。如果日本是个分裂的社会，甚至强大的邻国近在眼前，枪支的命运应该不会如此跌宕起伏。

小国寡民：理想市场社会

限制技术的创造和使用时，一者要特别限制兵器技术，原因是暴力工具会助长使用暴力的趋向；一者要特别限制交通的发展，因为交通是组织化文明的基础，如果交通十分发达，整个天下都将集成一片。

交通发达的直接后果就是流动人口增多，虽不是所有的流动人口都会变成流寇，但人口流动的确也像暴力工具一样，助长使用暴力的趋向，甚至导致暴力猖獗。流寇在鸡地大打出手，通过发达的交通转移至鱼地，再暴力征服。虽然“朕”也可以通过发达的交通跟踪追击，但流于被动，导致领导成本攀升。

流寇，流寇，流则为寇。作为天下的共主，“朕”非常不喜欢人口到处流动。如果说人皆有寇的可能，“朕”宁愿人为坐寇，也不希望人做流寇。坐寇会把所坐的窝当做真正的注目礼出品基地来经营（注意“经营”两个字），从而不断作出“生产性努力”，进而提高全社会的注目礼福利。

流寇呢？说好听点，流动作业；说不好听些，打一枪换一个地方，没有固定的注目礼出品人，今天是鱼地的鱼三，明天是鸭地的鸭四，后天是鸡地的鸡五，纯粹是分蛋糕，抢瓷器，一派分配性努力，流寇怎么可能静下心、沉住气、开动脑筋来进行生产性努力（以养服人）呢？

在“朕”的天下，一个人最好一生都待在自己的老窝里，不仅注目礼争夺战就窝消化，就一窝了一窝，甚至就一身了一身；而且非注目礼方面的吃喝住穿最好也就窝消化，自给自足，自成一体。《道德经》第八十章云：

> 小国寡民，使有什伯之器而不用，使民重死而远徙。虽有舟舆无所乘之，虽有甲兵无所陈之，使人复结绳而用之。甘其食，美其服，安其居，乐其俗。邻国相望，鸡犬之声相闻，民至老死，不相往来。

不错的！小国寡民极大地降低了统治成本，符合“朕”利益最大化的最佳选择，同时也是整个社会福利最大化的最佳选择。实际上，小国寡民的社会结构近乎一盘散沙，信息高度对称，决策高度分散，博弈高度稳定，市场机制的作用将充分发挥，堪称理想的自由社会。

单纯就经济形式而言，自然经济符合“朕”的利益最大化，基本单位小，生产规模小，商品交换小，几乎自给自足，有利于全社会注目礼福利的提升。这一点决定：在“朕”的天下，经济上必须大力打击商业投机，乃至一切流动性投机！

说到底，商业就是流寇作业，它依赖交通，利用信息不对称，导致人员聚集，带来专业化，促进社会组织化。在这一点上，商业与纯粹的起哄并无二致。尽管能提高非注目礼方面吃喝住穿的福利，但降低总体的注目礼福利。

为什么重农抑商

正因为流则为寇，始皇帝一统天下后，迫不及待地打击商业投机。琅玡台的刻石言之凿凿："皇帝之功，劝劳本事，上农除末，黔首是富。"刻碑纪功是第三年的事，一统天下的当年，始皇帝就已经大打出手，"徙天下豪富于咸阳十二万户"。公元前214年，始皇帝还曾把商人与罪犯一起流放到南北边疆，守五岭，修长城。

应该不是始皇帝冲动，抑或对商人抱有成见。事实上，重农抑商为历朝历代所取，称得上是中华基本经济制度。汉高祖刘邦反秦出身，对秦朝之弊应有切身之感，但重农抑商比始皇帝可能有过之而无不及。《史记·平准书》载："天下已平，高祖乃令贾人不得衣丝乘车，重租税以困辱之。"意思是说，商人穿好一点的衣服，坐好一点的车，都得苛重税。

为什么要重农抑商呢？首先当然因为粮食生产，天下无粮不稳。但更多的议论是商多机巧，这应该属实，不能见别人之未见，利润从哪里来呢？在介绍大商人吕不韦时，太史公就特意提到"往来贩贱卖贵，家累千金"。但人难道因为务农就会变得高尚？

真实的原因应该在于：农民的生产和生活都是分散的，而商业是"百工居肆以成其事"，社会组织化程度明显提高，甚至出现大的力量中心，比如富甲一方的豪强和人口云集的都会，容易聚众滋事，使"朕"的统治成本走高。对于设厂开矿，雍正皇帝曾直言"断不可行"，因为厂矿使人聚集，容易滋事。

另一个重要原因就是商业导致社会分化，尽管商业并没有直接以力服人，但从人与人的关系看，商业本质上属于以力服人的注目礼争夺战，最容易导致贫富分化。在农业文明下，土地是最重要的生产资料，贫富分化首先会表现在土地的高度集中。从历史经验看，中华历代王朝的寿命主要取决于后一点，即不是因为组织化程度高的工商阶层造反，而恰恰是因为一盘散沙的农民起义。要害正在于土地的集中，王朝的稳定是因为抑商制豪强，土地相对分散；王朝的倾覆是因为社会分化失去控制，土地越来越集中，失去土地的游民越来越多，随时成为起哄的火种。

抑商，也包括抑制技术的发展，实质上都是在抑制集中和组织化。重农实质上是去组织化，因为农民的生产和生活高度分散。而土地高度集中，打破一盘散沙的社会结构，导致一盘散沙的农民不得不聚集。避免土地高度集中，是"朕"必须严防死守的底线；要不然，就偏离重农抑商的初衷。

遍览中西历史，甚至全部的世界史，读到近现代的西方崛起时，人常常天生我材，霹雳一声问：为何工商文明或资本主义只在欧洲，不在中华，也不在世界别的地方萌芽成长？随之而来的又是一番唾沫纷飞，或曰地理因素，或曰人种作用，或曰文化作祟，或曰宗教决定，莫衷一是——独独没有人设身处地，不知“朕”心所求！

重农抑商是“朕”一统天下后利益最大化的最佳选择，任何人君临天下，长久来看，不管多么英明，都一样要重农抑商。对商业的抑制自古四海皆然，耶稣基督明确告诫：“骆驼穿过针的眼，比财主进神的国还容易呢！”就是未来全球一统，人类最高当局也得大力打击流动性投机。

秦为什么先重商而后抑商

秦始皇一统天下后，对技术的抑制应该是无意识的。虽不遗余力销毁暴力工具，但大力“治驰道”，一为天子巡游天下，一为军事服务。初衷当然是维护天下一统，却不知发达的交通是一把双刃剑，也可能为人所用，动摇天下。

但始皇帝重农抑商高度自觉，证据就是：虽然“商鞅变法”就提出抑商，但现实上，秦国高度重商。太史公曾明确记载：秦国历代君王大力支持商业的发展，始皇帝本人也不例外，还表彰了巴蜀之地一个经营丹砂、名字叫清的有钱寡妇。同时受表扬的还有一个搞畜牧业的乌氏倮，被始皇帝赐予同大臣一并朝请的待遇。手工业中，秦国很早就搞标准化生产，亦是重商的明证。

如果不重商，国不足以富，兵不足以强，秦国怎么征服别国？正由于宏观窝里斗中，落后就要挨打。春秋战国时期，各国竞相重商，可能构成中华历史上最重商的阶段。当时涌现一大批商业中心，《盐铁论》载：“燕之涿、蓟，赵之邯郸，魏之温轵，韩之荥阳，齐之临淄，楚之宛、陈，郑之阳翟，三川之二周，富冠海内，皆为天下名都。”

准确地讲，一统天下前，秦是重农也重商的。后之所以抑商，正在于天下一统，重商已不再是“朕”利益最大化的最佳选择，不得不抑也。

伪善是最优的虚伪

抑制技术、交通和商业的发展，本质都是抑制组织化，防止聚众滋事。但这些都是外在功夫，也可说属于硬件建设，是尽可能回复到大自然一盘散沙的原生状态。在赞天地之化育上，“朕”更应于软件方面做文章，直接导向“生产性努力”，每个人自己征服自己，就一身了一身。

“朕”首先想到的就是利用舆论。鲁宾孙一个人在孤岛，无所谓舆论，但人一旦成群，不管组织化程度高低，都会生成一定的舆论空间，“朕”必须善加利用。毛泽东指出：“凡是要推翻一个政权，总要先造成舆论，总要先做意识形态方面的工作，革命的阶级是这样，反革命的阶级也是这样。”这应该是有道理的，舆论乃精神的空气，谁不垂涎？

什么样的舆论对“朕”同时也对整个天下最有利呢？着力点当然仍在于不以力服人！这一点决定了“朕”舆论天下的主旋律：讲养、讲爱、讲无私。不遗余力地为养煽情，为爱煽情，为无私煽情，让空气中弥漫着养，弥漫着爱，弥漫着无私，造成压倒以力服人的社会舆论，即便有人企图以力服人，也会受到舆论的牵制，甚至人人喊打。

与其说这是用崇高的精神鼓舞天下，不如说这就是“朕”推己及人，以至于及天下。“朕”就是这么走过来的，也曾对别人大打出手，但几个回合后，意识到力不能服人；于是走上养的道理，又是几个回合，认识到一般的养仍不足以服人；于是就爱，最后发现：唯有无私，方成自我。

更重要的是，讲养讲爱讲无私，虽然道德高尚，但首先出于“我”对成本与效益的算计，符合个人利益最大化——这一点始终要牢牢把握，如果为高尚而高尚，甚至压抑着养压抑着爱，压抑着仁压抑着义，就属于暴力，就是以力服自己。原本防止以力服人，现在掉转暴力的枪口对准自己，岂不滑天下之大稽！

那不是伪善吗？没错！在社会上大肆讲养讲爱讲无私，形成对以力服人的一边倒，但确实也可能导致伪善的出现，动不动就一副不以力服人的君子样。但关键的问题是：伪善有什么不好？连以力服人的小人也装作一副不以力服人的君子样，不是天大的好事吗？沃尔玛的员工露出8颗牙齿，就真的对顾客微笑起来了？但一天天露下去，说不定什么时候就由内到外真有微笑了。得有一个学习过程，小人一天天伪善，日久天长，说不定哪天就真的不以力服人了，甚至也“文质彬彬，然后君子”了。

韩非得意扬扬地指责仁义道德只是小孩子们玩的游戏，殊不知，仁义君子给社会以导向，是人类的指南针，指引着努力的方向。极而言之，与其伪别的什么，不如伪善；与其装别的什么，不如装好。

仁义道德吃人了吗

孔子企图推行一种以养、爱和无私为核心的价值观，这就是两千多年来妇孺皆知的“仁义道德”。尽管一介布衣，根本不曾君临天下，但孔夫子成功了，不仅占领舆论阵地，甚至空气中都弥漫着仁义道德的气味，以致鲁迅先生在《狂人日记》中写道：“我翻开历史一查，这历史没有年代，歪歪斜斜的每页上都写着‘仁义道德’几个字。”

可鲁迅紧接下来写道：“我横竖睡不着，仔细看了半夜，才从字缝里看出字来，满本都写着两个字是‘吃人’!”仁义道德真的吃人了？还是听鲁先生本人的吧，他在一篇题目叫《马上支日记》的文章中写道：“看看中国的一些人，至少是上等人，他们对于神、宗教、传统的权威，是‘信’和‘从’呢，还是‘怕’和‘利用’？只要看他们的善于变化，毫无持操，是什么也不信从的，但总要摆出和内心两样的架子来。”

不仅上等人大吃仁义道德，所有的人都在吃，可能只有极其少数不更事的老迂腐才被仁义道德所吃。费孝通先生曾一针见血地指出：见什么人，说什么话，做什么事，“一切普遍的标准并不发生作用”。

更重要的是，仁义道德原本可吃。孔夫子曰：“仁远乎哉？我欲仁，斯仁至矣。”就是说，想仁就仁，不想仁就别仁，不想仁而装仁，非仁也。孔夫子并明确指出：“为仁由己，而由人乎哉?”仁义道德首先是主观的，极而言之，它可能导致“满嘴的仁义道德，一肚子男盗女娼”的现象，但绝不会吃人。

谁是贡献最大的人

为当好“沙王”，“朕”全部的努力在于去组织化，目标所向不是别的，就是生产性努力——征服自己，讲养、讲爱、讲无私直接就是生产性努力的落实。

在现有经济学中，生产性努力指的是创造财富的努力。经济要发展壮大，首先必须鼓励创造财富，不仅需要把社会资源导向生产性努力，而且需要把社会承认导向作为生产性努力主体的企业家，甚至“商本位”——即一切为企业生产服务，一切围绕企业家转。

“朕”要把社会的注目礼导向何方何人呢？在“朕”的天下，理想状态是一盘散沙，注目礼原是一个个小窝自我角逐的，谁能以理养人、领导三角、能混能圆，最会玩窝里斗，谁就自然而然成为注目礼大赢家，无须“朕”导向。

但考虑到一定的组织化文明可能难以避免，随之而来的就是一定的社会分工和社会分层，为防止天下陷入方向性失误，“朕”的确需要对注目礼进行一定的导向。那什么人对社会的贡献最大呢？这是一个常被讨论的问题，时代不同，理念不同，身份不同，答案也就不同，似乎没有个统一答案。但实际上，判断一个人对社会的贡献大小，办法很简单，就是看能不能复制——要是连复制都不可能，何谈社会贡献？

比尔·盖茨的贡献大不大？按一般的标准，盖茨对人类的贡献相当的大。但能复制吗？盖茨的成功不能复制，多少公司被他所创办的微软一一击败，不客气地讲，也是血染“红顶子”；盖茨的生活也不能复制，尽管过得俭朴，甚至有点吝啬，但位于西雅图市华盛顿湖畔的超豪华别墅还是令人“高山仰止”，占地6600平方米、花费7年时间精心打造、造价高达9700万美元——如果都这样来造房子，全美国乃至整个地球能容纳的人恐怕屈指可数。这当然属极而言之，但的确像盖茨一样，通常所谓的社会贡献实质上都是零和博弈的结果，不仅不可复制，而且必定建立在别人的失败和牺牲地球的基础上，充其量只能算个人成功。

西方文明尤其是工业化对人类居功至伟，这是欧洲人常常沾沾自喜的，以至于陶醉出种族优越感来。可西方文明能学习和复制吗？今天都像西方国家一样生活，还需要N多个地球；过去都像西方一样殖民，也需要N多个地球。毛泽东当年问及“为什么先生老是侵略学生”，原因应该就在这。西方先生或许可以研究，但不可复制。

什么才是真正的社会贡献呢？2008年6月，盖茨宣布把自己580亿美元的财产全数捐给比尔·梅琳达·盖茨基金会，一时舆论纷纷，盖茨曾经的中国同事李开复先生提到一句古老的西方谚语：“The richest person is not one who has the most, but one who wants the least。”译过来就是：真正最富裕的人不在于拥有最多，而在于需要最少。此言切中要害，一个人对社会的真正贡献在于将欲望减少，少之又少，直至完全征服自己！这当然能复制，而且任何人都能无条件复制。

一个人征服自己，神闲气静，回归本分，不再需要别人注目致礼，就是对社会的最大贡献，社会因之而更接近均衡。显而易见，导向征服自己的人，谈不上是导向特定人群。原本“朕”不导向，征服自己的人也自然会是注目礼的大赢家，自己都已经征服，况别人乎？

这一点得到现实强有力的见证，无论何时，无论何地，只要是人群，各行各业的成功人士都是心态上更成熟的，虽不至于完全征服自己，但确实都很会为人处世。人际关系大师戴尔·卡耐基明确表示：一个人的成功，15%归结于专业技术，85%取决于为人处世。

从另一个角度讲，由于组织化文明所要求的专业化和科技化，当今时代，高智商的人应该要吃香得多。但就最普遍的情况而言，并非智商为王，仍是情商做主。与卡耐基的计算近似，心理学家也归纳出一个成功方程式：一个人的成功，80%由情商决定，20%由智商决定。情商反映的正是一个人的为人处世能力，甚至可作为一个人距离征服自己远近的指标，情商越高，表示情绪主导力越强，离征服自己越近。

中华历史上，很早就有“士农工商”的说法，《国语》就明确提到。为什么“士”排在四民之首呢？原因就在于相对于农工商，士总体上应该更能为人处世，更善于做人，心态更成熟，情商更高。从社会结构上讲，也应该正因为士大夫阶层获得社会承认，掌控社会资源，保证了中华历史的稳定均衡，造就了中华文明的绵延不绝。

“我”是救世主

抑制技术，打击流动性，舆论导向，注目礼导向，软的硬的两手抓，忙得不亦乐乎。“朕”是不是都成救世主了？不是赞天地化育吗？天地不正是无为而自化的吗？

——错！与其说是救世界的主，不如说是救自己的主，无论硬件建设，还是软的方面，目的都是使“朕”的利益最大化。因为天下一统后，作为天下的共主，作为整个天下的产权人，“朕”个人的利益最大化也就是普天之下的利益最大化。

这是“朕”与天下的合一，就像一对一的注目礼争夺战中，“我”的利益最大化同时也是别人的利益最大化；也像三角演义中，“我”的利益最大化同时也是别人、第三者的利益最大化。怪乎哉？不怪也，注目礼人原是个太极！

这不是一般的无为而自化——从步入社会跟别人打交道，到以力服别人，到以理养别人，到第三者插足，到以理养大别人和第三者，到三足鼎立，到领导三角，到能混能圆，到窝里斗，到以理养众，到创建组织，到宏观窝里斗，到以起义组织消灭起哄组织，到一统天下，到解散组织，到还天下于天下，以至于最后君临天下，赞天地之化育，抑制组织化，讲养讲爱讲无私，注目礼导向——“我”一路追求个人利益最大化，唯一就做一桩事：成本与效益的算计，谁管“我”了？谁治“我”了？谁契约“我”了？

简言之，八个字：和尚打伞，无法无天！所谓赞天地之化育，那也是出于“我”的算计，如果不符合个人利益最大化，天地与“我”何干！如果说律令，对“我”的律令只有一条：自己的利益自己算，自己的事情自己扛！如果说约束，那就是来自大自然，比如没给“我”长翅膀，只给“我”两条腿，也没给“我”三头六臂，只给一个脑袋，结果使“我”真的很有限，可宇宙中什么不是有限的呢？人永远都只能在有限中寻求自由。

玄机更在于“我”！从初入社会的“我”，到大打出手的“我”，到以理养人的“我”，到笑退江湖的“我”，到三角演义的“我”，到领导三角的“我”，到窝里斗的“我”，到以理养众的“我”，到创建组织的“我”，到宏观窝里斗的“我”，到君临天下的“朕”，到还天下于天下的“朕”，以至于最后赞天地化育的“朕”——这里面的“我”既是一个具体的“我”，同时也是每个人心里的“我”。即是说，“我”既是一个人，又是所有人。

哲学社会科学研究中，存在一个不可避免的两难困境：我就是我，别人就是别人，但从社会的角度看，我也是别人的别人，别人也是自己的我。茅于轼先生曾在《经济学的智慧》的序文中专门谈及自己一生研究社会科学的重要心得：要善于从个人和社会两个角度来观察和思考问题。

从现实情况看，包括专门演绎人性自利的经济学在内，还没有哪一个专门学科真正破解两难困境。但“我”轻而易举就搞定，把“我”、别人、第三者乃至社会上所有人整合到一个命题，因为“我”是具体的“我”，也是别人的“我”，也是第三者的“我”，“我”是每个人的“我”！

《共产党宣言》有句话叫：“每个人的自由发展是一切人的自由发展的条件。”这可能说不上是严格定义，但的确表达出自由主义的精髓。可怎么证明？

如何把“每个人”和“一切人”同时放到一个命题中来论证呢？别无他途，唯有“我”！

一方面是，“我”为利益最大化而自由算计，简直无法无天，没有任何人为的幸福；另一方面，“我”是每个人，没有人不能够为利益最大化而自由算计。不正是无为而自化吗？用西方话讲，不正是自由主义吗？

《国际歌》唱得好：“从来就没有什么救世主，也不靠神仙皇帝，要创造人类的幸福，全靠我们自己。”但还不够“化”，彻底讲，不是全靠“我们”自己，而是全靠“我”自己！要说救世主，绝无仅有，就是“我”！有这么一则小故事：

> 一个和尚被流放，一个差役押解，一天夜晚住旅店，和尚把差役灌得烂醉如泥，和尚把差役的头发一削而光后逃之夭夭。差役第二天醒来，东寻西找没和尚的影子，急，手不知不觉在脑袋上摸来摸去，大吃一惊曰：“和尚在这里，我跑哪里去了？”

一个人如果像差役一样连“我”都守不住，谁也救不了，帝王将相救不了，宇宙真主救不了，万能上帝救不了，太上老君救不了，阿弥陀佛救不了，南海观世音菩萨也救不了！一旦有了“我”——产权清晰——谁都不用救，对个人利益最大化的追求将一路救“我”到底，直至心想事成！是不是也振臂呐喊一下：

“我”是最棒的！自由万岁！

看见“看不见的手”

西方的耻辱

从步入社会跟别人打交道，到以力服别人，到以理养别人，到第三者插足，到领导三角，到能混能圆，到窝里斗，到以理养众，到创建组织，到宏观窝里斗，到一统天下，到还天下于天下，以至于最后君临天下，赞天地之化育——“我”一路上进行成本与效益的算计，自由自在，没有任何的强制，没有丝毫的人为，没有丁点的计划，纯粹就是“我”自己追求自己的利益最大化。这是一个彻头彻尾的市场，没别的东西，唯一有的就是“我”；要不是因起哄而导致的组织化和宏观窝里斗，更是一个彻头彻尾的古典市场，唯一有的就是一个个像沙子一样的

"我"——产权。

自亚当·斯密开始，西方经济学就拜倒在自由市场的石榴裙下。可自由市场是咋回事呢？换句话讲，市场是一种什么机制呢？经济学之父一笔糊涂账，没有弄明说清，而是金蝉脱壳，化作一阵青烟逃去。所谓"看不见的手"——客气点讲，莫名其妙；不客气地说，与"太上老君急急如律令"一般货色。

也就在斯密所处的时代，自由开始从市场弥漫到社会，从经济学侵袭到了政治学，乃至哲学社会科学和其他学科、主义了。但依然停留于"看不见"的层面，徒子徒孙们没有对自由作出过脚踏实地的论证，一代接一代的经济学家们也未能对市场机制作出过详细而完整的论证，至今"急急如律令"。不能不说，这是西方经济学乃至整个西方智慧的遗憾和耻辱！

但"愚者千虑，必有一得"，一代接一代的经济学家还是洞察到作为市场对立面的计划的某些破绽。斯密在《国富论》中就清楚指出计划的局限，重申者接连不断。但强有力的否证应归功于西方世界最伟大的思想家之一——弗里德里希·哈耶克，面对凯恩斯主义甚至国家主义之盛行，堪称20世纪自由主义斗士的哈耶克坚定地指出：相对于市场机制，计划机制不仅缺乏效率，而且导致极权主义。

或许是学富五车吧，哈耶克对计划的否证跨学科，涉及哲学、法学、历史学、心理学、语言学、生物学、人类学等，一大堆。不过，哈耶克还算驳杂而不迷糊，主干线逻辑清晰，核心观点大致是：熙来攘往，个体在市场上是分散的、多样的且易变的，这就决定没有哪一个头脑或哪一个机构能真正随时了解全部的个体信息，从而也就决定计划的不可能。哈耶克明确指出："资源配置是由非人格的过程完成的。"直白地讲，出乎意料，超乎计划。

哈耶克对计划的否证带有一定的哲学认识论色彩，事实上，哈耶克可能算得上把哲学认识论引入经济学的第一人，这无疑是正确的，注目礼也是个逻辑和认识论的概念，解决人的度量问题。但计划真的被哈耶克否定了吗？

谁不计划：凡事预则立

计划尽管局限，但不足以否定。"我"真的很有限，但"我"自始至终都在进行成本与效益的算计，这不就是计划吗？所谓计划，简单地说，就是预先规划和安排，重点应该是预先，乃人们生活、学习和工作的基本形式，没有计划，不堪设想，所谓"凡事预则立，不预则废"。

每个人每天都在计划，没有大计划，也有小计划。最简单的，一天的时间就必须计划，什么时候起床，什么时候上班，什么时候看什么节目，什么时候睡觉。“做一天和尚撞一天钟”也是计划，完全不做计划的人可能没有。

一个人是如此，一个组织更是如此。家庭有家庭的计划，企业有企业的计划，团体有团体的计划，国家有国家的计划，比如中国眼下已行进在“十二五”规划中。一个人不能够“脚踩西瓜皮”，一个组织更不能“滑到哪里算哪里”。

仍然要计划，即便时间和精力有限，即便信息爆炸，即便“计划不如变化”，甚至即便计划老是出纰漏——比如原计划九点之前到公司，但出乎意料，中途车子抛了锚，十点半还没到。或许可以把自己的车子提前检修好，保证万无一失，但别人的车子路中抛锚了，十一点还到不了公司。一个人可以做到把自己的情况百分百考虑好，但能做到把别人和外边的情况也百分百考虑好吗？

就像战场上一样，尽管情况瞬息万变，但指挥官仍要作规划和安排，不打无准备之仗。尽管信息永远不完全，但仍要更充分地掌握信息，以便计划，而绝不是以此否定计划。甚至可以说，正因为信息永远不完全，正因为时间和精力有限，才需要计划。

退一万步说，即便否定计划，也不足以倒向作为计划对立面的市场。既然连计划都不成，为什么不计划就能成？完全违背人的常识嘛，如果真有看不见的手，听天由命就成？无论中外，历来都有一部分人士反对市场而迷恋计划，原因不仅在于他们热衷计划体制能集中力量办大事，可能也因为逻辑上就没办法接受听天由命——不计划优于计划确实太偏离常识！

有人可能要说，遑论其他，事实胜于雄辩，古今中外的无数经验表明：不计划就是比计划好！可反方也能就事论事，古今中外的无数经验表明：计划就是比不计划好！最典型的经验是来自战场，不打无准备之仗，这一条战场黄金法则不正表明凡事都要计划吗？

在对计划作否证时，哈耶克从哲学、认识论和生物学中支取大量的东西，搅拌在一起，存在用“五车”压人之嫌。但无论如何，对计划的否证都不足以置计划于死地，充其量只构成驳倒计划的一个必要条件。

实际上，哈耶克所要表达的意思不过就是“一盘散沙”——决策分散化，反对的只是集中计划，即把一大批人和事的计划交给某一个中央当局。“我”是围绕“我”的一种圆运动，对利益的计划与生俱来。谁也不可能真正驳倒计划，除非不是“我”！

谁来计划：伯乐怎么找

真正的难题是在于：谁来计划？所谓计划，必须有一个主，由这个主来作出规划和安排。这一点应该毫无疑问，人人都作规划和安排，人人做主，可能就无所谓计划了。

可谁来做主呢？有人可能要说，由最有智慧的人来做主，因为他最有主见。可谁最有智慧呢？别人怎么知道他最有智慧呢？有人可能要说，由最有信息的人来做主，因为他最了解全局。可谁最了解全局呢？别人怎么知道他最了解全局呢？不管提出什么样的人选，都存在一样的疑问：别人怎么知道他如此这般？

“伯乐常有，而千里马不常有。”韩愈的这句话千古流传，茅于轼先生曾提出深刻的质疑：按韩愈的想法，一旦有了伯乐，千里马就能被发现，不会“骈死于槽枥之间”。可问题在于：千里马难找，伯乐就容易找吗？只要有两个人说自己是伯乐，而所相中的千里马恰好又不同，问题又来了：谁是真伯乐呢？

——市场来了！谁是真伯乐？更广义讲，谁来计划？正是市场要解决的，也正是市场能解决的。比方说，张三声称自己是伯乐，李四也声称自己是伯乐，两伯乐同时相马，张三的成功率高达九成，李四的成功率仅有一成。事实胜于雄辩，人们自然认为张三是真伯乐，应该由他来对相马之事进行计划。这就是市场的选择，市场不迷信任何的人为权威，通过比较或者说试错而对人作出选择。

即是说，市场是一种选人机制，选出那个最适合作计划的人，如此而已。如果说配置资源，市场首先是配置人这一种资源，通过对人这一种资源的配置而配置其他资源，其他资源的配置实质上是通过市场所选出的最适合作计划的人的计划完成的。

进一步说，市场机制是不计划与计划的统一。说不计划，是市场并不预先安排某一个人，没有先验人选；说计划，是市场一旦发现某一个人，就由他计划去。市场机制的核心是人，若以看不看得见来论，这个人的计划是“看得见”的，但发现这个人的过程是“看不见”的。“急急如律令”被清除了，这里面丝毫也不神秘。

市场不是计划的对立面，恰恰相反，二者圆融统一：计划就是计划，市场呢？为计划服务，为计划选人，解决谁来计划的问题。这一点也被一个西方经济学家近似发现了，他就是1991年诺贝尔经济学奖得主罗纳德·科斯。如果说哈耶克对计划的否证作出过有力贡献，那科斯就在真正发现市场上作出了重要贡献。

有人可能要眨巴起眼睛来：科斯先生明明白白论证了“企业的性质”，以计划还是市场论，他正是发现了计划，企业的性质属计划，这是他本人也不否认的，而且他本人反复强调过，科斯写道：“企业实质上是一个小的统制经济，其内部资源配置的方式本质上与我们在社会主义经济中所看到的相类似。”

科斯确实只认为自己发现了企业的性质——计划，而不是真正发现了市场。但这只是表面现象，往深里一想，或者更准确地说，科斯其实也不是发现了计划，而是发现了做计划的主子。

交易费用是科斯解释企业的性质的钥匙，可交易费用是谁计算的？在这里买硬盘，讨一番价；在那里买主板，还一番价，尽管“DIY”，价格可能也低，但讨价还价是有成本的，需要时间和精力，甚至还需要磨嘴皮子的耐性和工夫，总体一算，还不如一次性购买原装机划算，要是市场上有原装机，多美啊！“我”何不专门为市场提供原装机呢？于是市场上就有了电脑原装企业，依靠为顾客节省交易费用而赢得利润。

正是背后的“我”在为交易费用做计算，进而创建企业！科斯实质上是发现了“我”——做计划的主子，俗称“企业家”。但科斯之所以看到交易费用，却没有抓住背后的“我”，原因应该正在于西方经济学长期以来就见物不见人、论物不论人，没有真正从“我”出发来观察和思考。

市场对资源的配置正是通过企业家的算计而实现的，根本就没什么“看不见的手”，完全看得见。如果没有“我”，没有企业家心中的“我”的精明算计，就不会有市场对资源的优化配置。正像没有“我”对交易费用的算计，怎么会有“我”操办电脑原装企业呢？又怎么会有广大顾客购买电脑的方便实惠呢？

在《企业的性质》中，科斯开门见山地写道：“本文的目的就是要在经济理论的一个鸿沟上架起一座桥梁，这个鸿沟出现在这样两个假设之间：一个假设是，资源的配置由价格机制决定；另一个假设是，资源的配置依赖于作为协调者的企业家。”在某种程度上，科斯的确架起了桥梁。但说到底，并没有什么超脱于人的价格机制，市场对资源的配置是且只是通过企业家而实现的，所谓价格机制，也是由企业家心中的“我”算计来的。

哈耶克强调“资源配置是由非人格的过程完成的”，并经常把社会比作“有机体”，这同时也是一大批西方知识分子共同的譬喻。殊不知，真正的有机体是且只是“我”，社会之所以看起来像有机体，原因正在于社会作为人群的舞台，自动地存在人与人的比较，从而优胜劣汰，选出真正会算计的“我”。没有“我”，市场上的一切都不会有！

企业家是什么人

企业家是什么人？理论上讲，企业家必须能创造经济效益，这是毫无疑问的。尤其是现代，企业家不必先有一大笔钱，但必须要能够赚钱。马克思曾谈到这一点：“一个没有财产但精明强干、稳重可靠、经营有方的人，也能成为资本家。”

问题是怎么赚钱，钱从哪里来？如果说经营有方，怎么个经营有方？约瑟夫·熊彼特可能是自觉研究企业家理论的第一位经济学家，最后答案是：企业家把一种从来没有过的关于生产要素和生产条件的“新组合”引入生产体系，是新生产函数的创建人。即是说，企业家能赚钱，是因为替生产体系引入了新的增量。

阿曼·艾智仁与哈罗德·德姆塞茨在“团队理论”中提到，当确定每个人的投入对总的产出所作的边际贡献十分困难时，处于分工中的人们会“选择”一个人来承担由于“测不准”所产生的风险，这就是企业家——风险承担者。应该说，风险论与创新论一体两面，创新怎么会没有风险呢？

但最有经济学韵味的说法不是创新论，也不是风险论。谈到市场时，必谈到市场对资源的配置。事实上，市场怎么可能配置资源呢？市场又不是人，也没有头脑，更不会算计。企业家，也只有企业家，才是深居市场幕后进行资源配置的人，市场的高效与优化是企业家心中的“我”算计而来的。

与“我”失之交臂

哈耶克强调“资源配置是由非人格的过程完成的”，反对集中计划，提倡决策散化；科斯发现资源配置是企业家完成的，为节约交易费用，企业家建立企业，实现组织化。不互相矛盾吗？

——没错！原因应该就在于科斯和哈耶克都没有真正搞懂市场，充其量一知半解。不只是科斯和哈耶克，迄今为止，整个西方经济学对市场机制都一知半解，瞎子摸象，摸到身子的说大象是堵墙，摸到大腿的说大象是根柱子。

科斯没有错，企业家的确可以配置资源，但企业家对资源的配置是有限的，原因很简单，企业家的时间和精力极其有限，就是再精明，也只能在一定范围内进行算计，越过一定的边界，企业家就是算计也会出错。

哈耶克也没有错，集中计划是不行的，市场瞬息万变，哪一个头脑或机构能掌握到全部的信息呢？任何一个人，任何一个机构，时间和精力都是有限的，范围越小，规模越小，信息越对称，博弈越稳定，计划才可能科学。

何也？“我”真的很有限也！“我”的时间是有限的，“我”的精力是有限的，“我”的一切都是有限的，“我”只能在一定系统内进行算计，“我”的算计存在一个边界，就像“我”以理养众存在一个人数边界一样。即便利用高科技工具强化信息的检索、收集和处理，大大提高“我”的算计能力，但“我”的算计仍然存在一个边界。

反过来讲就是：市场要把“我”选出来，只能在一定的系统内进行。如果系统无限开放，市场也完成不了选人的功能，乃至有可能把“坏人”或“劣币”选出来。实际上，系统无限开放，单一个信息爆炸就让“我”受不了，何谈算计？既然不能算计，何谈资源优化配置？

之所以对市场知其一、不知其二，原因就在于科斯和哈耶克皆不知“我”也！科斯只见交易费用，不见交易费用背后的“我”，与“我”擦肩而过。像科斯一样，哈耶克也与“我”失之交臂，而且更令人惋惜。

为解释市场秩序，尤其市场秩序的扩张，哈耶克从20世纪中期的自然科学前缘中支用一个概念——“Spontaneous Order”，被认为哈耶克思想的核心概念，亦被认为哈耶克最伟大的发现，诺贝尔经济学奖得主詹姆斯·布坎南赞扬不遗余力：Spontaneous Order构成经济学的唯一原则。中文译名较多，或译“自我生成的秩序”，或译“自我组织的秩序”，或译“人类合作的扩张秩序”，或译“自生自发秩序”。不管怎么译，都少不了主体“人”，甚至可说就是“我”（从这一意义上讲，译为“自生自发秩序”似乎更准确）。可哈耶克真正从“我”出发论证市场秩序及其扩张了吗？自生自发何在？自我组织何在？

“我”在社会上会怎样进行算计和扩张，哈耶克一塌糊涂，充其量是通过对现实的观察及对历史的感悟，朦朦胧胧意识到一种合作的扩张。至于市场秩序在扩张中所具有的大量暴力行为，甚至帝国主义行为，“Spontaneous Order”更不可能给予逻辑一致的解释。

哈耶克原本反感所谓“1914年的思想”，即组织的思想，但也不得不承认，现实上，“Spontaneous Order”导致的恰恰就是大规模的组织化，社会成为一架巨大机器，人一个个成为社会大机器上的一颗颗螺丝钉。更要命的是，“Spontaneous Order”究竟要扩张到哪里呢？哈耶克也一头雾水，“Spontaneous Order”“没有目标”——真是演化到家了！

两百多年来，西方经济学把自己的“冷猪肉”高高地献祭给自由市场，而且高谈阔论的出发点也就是人性自利，可是却一直不晓得自由市场的真谛！何也？不知“我”也！

哲学社会科学中，泰西以经济学的成就最为突出，以至瑞典银行1968年超越诺贝尔遗嘱增设诺贝尔经济学奖；经济学还攻城略地，有所谓“经济学帝国主义”，甚至直接侵入自然科学，耶鲁大学一位叫吉雷特·弗迈吉的古生物学家就用经济学的视角与方法来观察和研究生物圈的稳定及进化问题。

作为经济学的核心，自由市场原本是泰西玩得最娴熟的，而且整天挂在嘴上。不幸的是，全部西方经济学连自由市场也没有搞懂，客气点讲，似懂非懂；不客气地说，一塌糊涂。夫复何求？一路都在讲注目礼，也给泰西留一点“面子”，咱们就此打住吧！

结语 “我”要如何引人“注目”

讲个小故事：

> 一个忏悔者来到教堂，对神父说：“神父，我错了。”
>
> 神父说：“只要你认错，主一定会原谅的。”
>
> 忏悔者说：“我偷了一个人的自行车，现在我要把它交给您。”
>
> 神父说：“不！不要给我，把它还给失主。”
>
> 忏悔者说：“我已经问过他了，可是他不要。”
>
> 神父说：“那你就收下吧。”
>
> 下班后，神父发现他停在后院的自行车不见了！

神父万万没想到，忏悔者说的和偷的就是他本人——“我”——的自行车。小故事或许虚构，但类似的现象真实而普遍，在观察、思考和分析问题时，人们总是自觉不自觉地把“我”自己排除在外。一个小男孩问爸爸：“是不是做爸爸的总比做儿子的知道得多?”爸爸回答：“当然啦!”一副扬扬得意的样子。孩子马上又问开了，“电灯是谁发明的?”“爱迪生。”“那爱迪生的爸爸怎么没有发明电灯?”爸爸一下子哑口无言——哪想到问题稍一转就直扑“我”而来呢?

这不只是生活经验，也属于基本逻辑问题，即任何形式理论都能够解释它可以解释的一切，但绝不能解释自身，作为自身的“我”被该形式理论自动排除在外。这是由奥地利数理逻辑学家库尔特·哥德尔在1931年论证的，乃所谓“哥德尔不完备性定理”，称得上人类思想史、逻辑史和科学史最最重要的发现之一。

茅于轼先生表示“这几年越想越觉得注目礼学说有道理”，道理究竟从哪里来及怎么来呢？要害既在于注目礼，但可能更在于“我”！注目礼思想作出一个破天荒的尝试，直接邀请每一位读者亲自做主人公，老老实实紧扣“我”，自始至终贯穿“我”：从“我”步入社会跟别人打交道，到“我”以力服别人，到“我”以理养别人，到第三者插足，到“我”以理养大别人和第三者，到三足鼎立，到“我”领导三角，到能混能圆，到窝里斗，到“我”以理养众，到创建组织，到宏观窝里斗，到“我”以起义组织消灭起哄组织，到一统天下，到“我”解散组织，到还天下于天下，自由民主化，以至于最后“我”君临天下，赞天地化育——注目礼思想就是一部“我”的演义，追踪的是每一位读者自己的心思！

有读者可能要问：那“我”究竟如何才能引人“注目”呢？“我”一路都在追求别人的注目礼及注目礼最大化，道的也论了，术的也讲了。但当下世风浮躁，人们越来越追求“注目”，最明显的表现就是到处是包装，到处是策划，到处是明星广告，到处是品牌运作……非生产性的信息经济越来越发达，以至于有人叫嚣“知名度就是生产力”，相当于认定“注目”就是“注目礼”——咱们极其必要在这里揭穿画皮。一路都在讲故事，再讲一个：

张三在杏花村开酒店，由于酒好味醇，生意热火朝天。路过此地的客商都要到张三的酒店歇脚，因为名气大，牧童遥指杏花村。李四看在眼里，想在心里，也到杏花村开酒店，虽然没有好酒，也根本不知道弄酒，纯粹是眼红张三每天赚大钱而已。但李四有自知之明，知道应该在哪些方面发挥，不仅选定一个交通更便利的位置，而且把自己的酒店装潢得十分排场。

张三一开始没在意，认为自己的酒是真家伙，祖传秘方，对方都没弄过酒，还想叫板不成？更何况自己已在这经营多年，客户们都买他的账。但客流量不客气，马上就有了下降！这是十分正常的，因为李四的酒店开张，多了一重信息干扰。尽管不知道李四的酒怎么样，一部分本地客人肯定要去尝尝鲜，外地客商可能更要一睹为快，因为这里的装潢更排场。甚至村口的牧童也受到信息干扰，由于没喝过酒，不知道哪家的酒更好，不能随便指了。但大多数情况下，牧童可能会为人指点李四的酒店，因为这是新开的，装潢排场，会下意识地认为这里的酒要好些。

张三还算精明，立即作出调整，转移一部分心思和财力到包装上，也大搞装修装潢。虽然张三这样做，但心里面还是有些别扭，觉得这是在舍本逐末，做表面文章，甚至时不时一声叹息：这世道怎么啦？李四完全另一种心态，虽也重视把酒弄得更醇正一些，但原本就不是弄酒的，拿手好戏就是做表面文章。看到张三也大搞装修装潢，又在包装上下起工夫来，不仅在村口树起了巨大的广告牌，标榜“杏花村正宗”云云，而且还贿赂牧童一些好处，以致牧童再也不指了，每有客商问起，就眼神往广告牌上一飞。

张三得知，一时竟晕了过去，自己的祖传酒店莫非要在自己手里败落？怎么办呢？难道我也削尖脑袋抓装修搞包装上广告？难道我再把牧童收买回来？事情就这样越搅越复杂，一个仿冒做酒的搅得一个真正做酒的没法子安心做酒了！

原本一个酒的竞争，却导致装潢、包装和广告的竞争，乃至贿赂的竞争，并且愈演愈烈。谁是受益者呢？毫无疑问，仿冒做酒的李四！谁是受害者呢？张三当然深受其害，原本有真家伙，现在却不得不随李四起舞，大搞歪门邪道。

但最大的受害者还不是张三，而是广大的消费者，装潢、包装和广告是需要成本的，贿赂更是需要银子的，最后都摊给了消费者。甚至整个社会受到毒化，原来赚钱可以这样的，一个个学习李四好榜样，世风日下，都不务正业了。

可即便如此，李四的假冒伪劣也是以张三的为前提和基础的，如果没有张三的祖传好酒在先，李四会做酒店吗？不仅不会做酒店，李四甚至都不会到杏花村来，说白了，李四就是张三的寄生虫。平常都在说骗子，其实骗子是最需要讲诚信的。收到一欺诈短信：请速把钱汇入这个账号。顺手一回复：已存9000，请查收。第二天收到对方的短信：都去银行三次了，没有钱，你这个骗子！不是吗？欺骗必须寄生在真诚的基础上。同样道理，包括包装、策划和品牌运作在内，一切非生产性的信息经济都是寄生在生产劳动的基础上的。那知名度还是生产力吗？如果没有扎实的生产劳动作为基础，什么也不是，一切非生产性经济行为都得靠边站。

“注目礼” = “注目” + “礼”，“注目”是前提，关键在于“礼”，也就是存在值得别人注目的价值。夫子说得好：“不患无位，患所以立；不患莫己知，求为可知也。”转译过来就是：“不患无注目，患所以注目。”我们不能够妄自尊大，但更不应该舍本逐末，当务之急是重建“注目”与“礼”的平衡！

参考文献

1. (英) 亚当·斯密. 道德情操论. 胡企林，蒋自强，钦北愚译. 北京：商务印书馆，1997.

2. 杨春学. 经济人的“再生”：对一种新综合的探讨与辩护. 经济研究，2005，11.

3. (英) 亚当·斯密. 国民财富的性质和原因的研究. 郭大力译. 北京：商务印书馆，1972.

4. (意大利) 卡尔维诺. 黑羊·孤独. 读者，2001，6.

5. 李秋零. 尼古拉·库萨. 中国台湾：东大图书出版公司，1997.

6. (英) 阿兰·德波顿. 身份的焦虑. 陈广兴，南治国译. 上海：上海译文出版社，2007.

7. (美) 纳塔莉·安吉尔. 动物们的政治学. 第一财经日报，2008 年 2 月 5 日.

8. 乔云华. 地狱门前：与李真刑前对话实录. 北京：新华出版社，2004.

9. 李治亭. 吴三桂大传. 南京：江苏教育出版社，2005.

10. (美) 塞缪尔·亨廷顿. 文明的冲突与世界秩序的重建. 周琪等译. 北京：新华出版社，1999.

11. (德) 尼采. 查拉斯图拉如是说. 楚图南，高寒译. 海口：海南国际新闻出版中心，1996.

12. (法) 孟德斯鸠. 论法的精神. 张雁深译. 北京：商务印书馆，1959.

13. (美) 弗朗茨·M. 乌克提茨. 恶为什么这么吸引我们. 肖隶译. 北京：社会科学文献出版社，2002.

14. 溢阳. 凡人贪欲与腐败. 读者，2001，16.

15. (英) 大卫·休谟. 休谟政治论文选. 张若衡译. 北京：商务印书馆，1993.

16. (美) 克里思·马修斯. 硬球. 林猛，吴群芳译. 北京：新华出版社，2003.

17. 侯家驹. 中国经济史. 北京：新星出版社，2008.

18. 张五常. 经济解释. 中国香港：花千树出版有限公司，2002.

19. (美) 郭士纳. 谁说大象不会跳舞. 张秀琴，音正权译. 北京：中信出版社，2006.

20. 邓刚. 我叫威尔逊. 新华文摘，1988，5.

21.（美）约翰·霍根. 科学的终结. 孙雍君译. 呼和浩特：远方出版社，1997.

22.（美）贾雷德·戴蒙德. 枪炮、病菌与钢铁：人类社会的命运. 谢延光译. 上海：上海译文出版社，2006.

23. 费孝通. 乡土中国. 北京：北京出版社，2005.

24.（英）F. A. 哈耶克. 致命的自负. 冯克利等译. 北京：中国社会科学出版社，2000.

25.（美）劳拉·常. 纽约时报50位科学家. 赵伯炜，于明，冯速译. 海口：海南出版社，2003.